彼岸の図書館

——ぼくたちの「移住」のかたち

青木真兵・海青子

夕書房

彼岸の図書館

——ぼくたちの「移住」のかたち

はじめに

どうも！「人文系私設図書館ルチャ・リブロ」のキュレーター、青木真兵と申します。ぼくたちは奈良県東吉野村という山村に移住して、自宅を図書館として開くという「実験」を行っています。

ぼくは埼玉県浦和市（現さいたま市）で生まれ育ち、ゲームとラジオ、プロレスが大好きで、伊集院光氏に憧れる十代を過ごしました。そんなぼくが変わったのは、大学二年生の頃。大学に、モジャモジャの髭にスヌーピーのネクタイ、サスペンダー姿で関西弁をしゃべる新しい先生が着任したのです。ぼくはその怪しい風貌に心惹かれ、先生の研究室と図書館を往復するうちに古代地中海史研究者を志すことになり、卒業後、先生の母校である大阪の大学院へ進学しました。

縁もゆかりもない大阪にやってきたのは、大学院で勉強するため……だったのですが、ここで二つの出会いを経験します。博物館学芸員の資格を取るための授業で今の妻、海青子と出会い、大学院ゼミの厳しさから「逃亡」するようにして聴講し始めた神戸女学院大学の大学院ゼミで、内田樹先生に出会ったのです。

二〇一〇年秋、ぼくは体調を崩して入院しました。甲状腺機能が低下し、ホルモンの分泌が滞ったことによる不具合が全身に現れ、ガンマGTPやTSHが、信じられない値になっていました。それはちょうど大学の図書館司書をしていた海青子が金沢から神戸に転職するタイミングでした。ぼくらは一緒に住むことにし、翌年一月に結婚。未曾有の大災害、東日本大震災が起きたのはその二か月後のことでした。地震と津波被害の光景がテレビに映し出され、言葉を失いました。

東日本大震災をめぐっては、もうひとつショックを受けたことがありました。原子力発電所の存在と、それに関する報道です。ぼくたちの生活が原発というきわめてリスキーなものを前提に形作られていたことにはもちろんですが、それ以上に電力会社がスポンサーであるためにメディアが「原発」について自由な報道ができないという事実に、大きなショックを受けました。何を青臭いことを、と思われるかもしれませんが、ぼくたちは自らの生活の前提についてすら、自由に知ることができない。このいびつな状況に、どんより重い気持ちになったのでした。

幸い、ぼくは生来の「根明《ねあか》」です。暗い気持ちになることはあっても、長く落ち込むことはありません。自分たちの生活の前提すら知ることができない状況はおかしい。だったら小さくてもいいから、「おかしくない状況」を手作りしてみよう。できることからコツコツと。まずは、思ったことを自由にしゃべれる場がほしい――そんな考えを話していたら、協力してくれる人が現れました。ウェブデザイナーの鈴木塁さんとラジオ放送、楽曲制作の経験がある左海《さかい》拓さんです。この二人と一緒に、「思ったことを自由にしゃべれる場」こと「オムライスラヂオ」が誕生しました。二〇一四年二月に始まったこのインターネットラジオはぼくらの思考を深める場であり、違和感を言葉にする場であることに加え、話したい人と話す「口実」の場にもなっていて、今も毎週水曜日に更新しています。

東日本大震災は、ぼくたちの周りにあったいびつな状況を露わにする出来事だったと感じています。街での生活がどんどんバーチャルに思えてくるのと並行して、ぼくら夫婦の体調も悪化していきました。もともと心身薄弱な二人です。ぼくは研究者として、妻は司書として、自分たちなりにキャリアアップをめざして頑張っていました。しかしぼくも妻も「思ったような」職場での「思ったような」働き方ができず、ほぼ同時に挫折したのです。

そこからは、一気に坂を転がり落ちました。体調は悪化する一方だし、余裕のない二人が良好な関係を保てるはずもない。どうにか現状から抜け出す方法はないだろうか。そんな思いが募った妻は、まもなく地方移住サイトを検索し始めます。地方に移住するなら、妻が笑顔で働いていた職場、「図書館」を自宅に作りたい――そんなふうに思うようになったとき、東吉野村という山村に出会ったのでした。

この本は、兵庫県の街での生活で体調を崩し、ほうほうの体で東吉野村へ逃げ込んだぼくらが、家を開いて図書館を作ったことで元気になっていった「リカバリーの物語」です。では山村へ越せばよいのか。たぶんそうではありません。ぼくらのリカバリーは「人文系私設図書館ルチャ・リブロを開いたこと」自体に起因している。だから「人文系私設図書館ルチャ・リブロとは何か」を問えば、どうして元気になったのかが導き出せるはずです。

鍵を握るのは「オムライスラヂオ」です。生活の中で覚えた違和感を吐露できる、さまざまな分野の人たちと言いたいことを言い合える「オムラヂ」は、ぼくにとって「セルフ・カウンセリング」のようなものであり、大げさにいえば「精神的な支え」にさえなってきました。このオムラヂを現実の世界に出現させたい、という想いで開いたのがルチャ・リブロなのです。

この本では街からの脱出を考え始めた二〇一五年九月から二〇一八年末までの「オムラヂ対談」を軸に、ルチャ・リブロとはどんなところで、そこでぼくらが何をしようとしているのか、その「実験」の様子をお伝えしたいと思います。

青木真兵

彼岸の図書館——ぼくたちの「移住」のかたち

目次

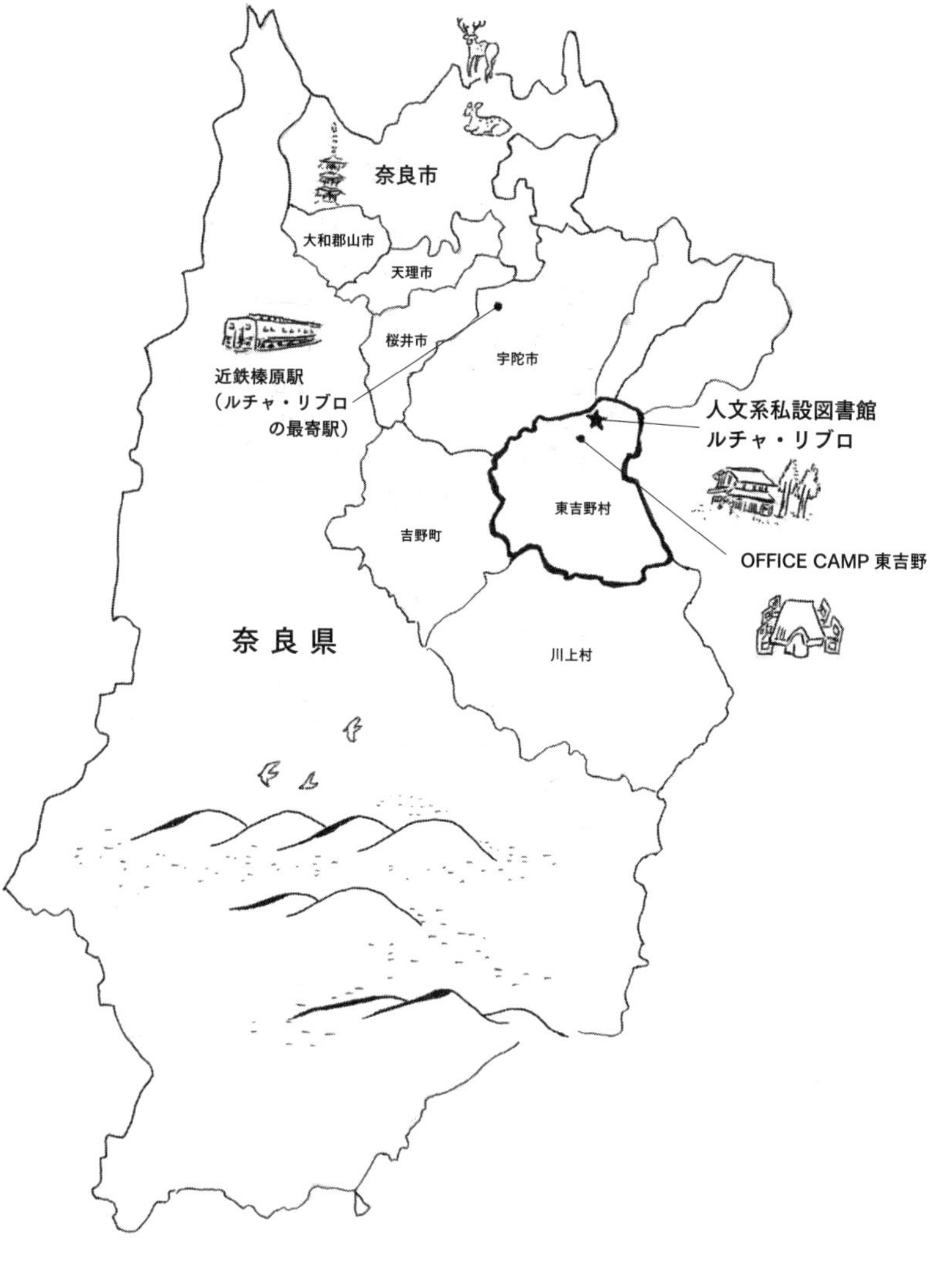
奈良市
大和郡山市
天理市
桜井市
宇陀市
近鉄榛原駅
（ルチャ・リブロ
の最寄駅）
人文系私設図書館
ルチャ・リブロ
東吉野村
吉野町
OFFICE CAMP 東吉野
奈良県
川上村

1　命からがらの「移住」

移住前夜①単身、凱風館へ乗り込んだ青木の相談

内田樹×青木真兵

二〇一五年九月

内田樹（うちだ・たつる）

思想家、武道家。一九五〇年、東京生まれ。神戸女学院大学名誉教授。多田塾甲南合気会師範。東京大学文学部仏文科卒業。東京都立大学大学院人文科学研究科博士課程中退。専門はフランス現代思想、武道論、教育論、映画論など。著書に『ためらいの倫理学』（角川文庫）、『レヴィナスと愛の現象学』（文春文庫）、『日本の身体』（新潮文庫）、『街場の戦争論』（ミシマ社）他多数。『私家版・ユダヤ文化論』（文春新書）で小林秀雄賞、『日本辺境論』（新潮新書）で新書大賞、著作活動全般に対して伊丹十三賞を受賞。神戸市で武道と哲学のための学塾「凱風館」を主宰している。

（この収録について）

オムライスラヂオの内田樹先生ゲスト回は、公開収録を除いて毎回先生の自宅兼道場、「凱風館」の書斎で収録しています。書生の方々が不在の場合、郵便や宅配便が来ると先生自ら「はいはーい」と玄関へ降りていかれます。オムラヂではその様子もそのままオンエアしています。

移住するなら放任主義の自治体がいい

青木　実は今、移住を考えています。一言で「移住」と言ってもいろいろな形があります。いきなり引っ越してしまうというやり方もあるでしょうけれど、ぼくは奈良県の東吉野村に小さな拠点を持ちつつ、都市部と行ったり来たりしようかと考えています(1)。

目下の問題は村には仕事がないということ。ここは農業が弱いんです。伊勢湾台風(2)の襲来時には川が氾濫して村が孤立してしまったこともあったそうです。吉野の杉といえば有名なので、一時期は林業でバブルのような状況もあったのですが、人口は二〇〇五年で二六〇〇人、二〇一〇年で二一四四人、今は一七〇〇人くらいだと思います。

内田　一七〇〇人というのはかなり厳しい規模だね。

青木　先生は他地域の移住事情にもお詳しいと思うのですが、仕事との関係も地域によって異なるのでしょうか。

内田　ぼくが知っているのは周防大島(3)だけど、あそこは半農半漁だね。シラス漁業もあるし、みかん農業もあるし、オリーブやコメも作れる。気候も穏やかだし、

(1) とりあえず家を借りてしまったので、最初は橿原市との二拠点移住を考えていました。平日は橿原市から大阪へ通勤、週末だけ東吉野村へ通って図書館を開ける計画でした。その通りに進んでいたら、ルチャ・リブロもだいぶ違ったものになったと思います。(青木)

(2) 一九五九年、紀伊半島から東海地方を中心に襲来、五〇〇〇人以上の犠牲者をもたらした昭和の三代台風のひとつ。「お隣のおばあちゃんは台風予報が出るたびに、『あんたら知らんやろ〜』と、当時の話をしてくれます。この大災害を経て川幅の拡張や護岸工事が行われ、今の景観になったのだとか」(青木)

観光資源も豊かで、自然環境には恵まれていると思うけれど、それでも人口は激減している。かつて七七〇〇〇人だった人口が、今は一八〇〇〇人。高齢化も進んでいるけれど、ここ五年ほどで若い人が入ってきて、子どもも生まれ始めたというので、注目が集まり始めたところじゃないかな。

いろいろな地域の事例を見ていて思うのは、行政があまり干渉しないほうがうまくいっているということですね。金は出すが口は出さない。

ある町の町長さんとお会いしてお話ししたことがあるけれど、移住支援策自体は町の予算を使うんだけれど、一つひとつの事案ごとに町議会に通すと時間もかかるし厄介なので、支援団体を作って、その団体に予算をつけて、個別の企画は町長さんのハンコ一つで支出できるようにしたら、新しいアイデアが次々と出てきた。「この事業をやったらどんな成果があるんだ。経済波及効果はどうだ、人口はどれくらい増えるか、エビデンスを示せ」とかあれこれ細かいことを言い出すと、創意工夫にあふれた活動は生まれてこないでしょう(4)。

行政のスタンスとしては、支援はするけどおせっかいはしないぐらいの距離感がいちばんいいんじゃないかな。「失敗しちゃいました!」と言っても、「まあそういうこともあるよ」と笑って流してくれるようじゃないと、イノベーションは起きま

(3) 山口県東部、瀬戸内海に浮かぶ屋代島などの島々から成る町。明治から大正期にはハワイへの移民が盛んに行われ「瀬戸内のハワイ」とも呼ばれる。都市企業のサテライトオフィスを積極的に誘致、移住者が増加中。

(4) 本当にそうですよね。大事なのはスピード感とワクワク感。「風に乗る」くらいの軽い気持ちで言い出したことに対して、「いやちょっと待って!」と言われたらげんなりします。良い意味で「流れを止めない」のが、これからのリーダーには必要だと思います。(青木)

せん。

今は日本中どこでも市町村が移住支援策をやっているけど、よく工夫しないと、お金だけ使って全く成果が上がらないということもあると思うよ。

青木　やっぱり地域によって事情は全く違いますよね(5)。第一次産業なんて、植生が違うだけで仕事が変わってきちゃう。だからこそ「こういうことをしたらいくら出します」と一律に言うことはできませんよね。

内田　ある地域でうまくいったからといって、同じモデルを全国に適応できるわけじゃないしね。年齢構成や都市との距離、マーケットの規模など、本当にいろんな要素が関係しているから、ケースバイケース。

山形県鶴岡市(6)の事例でおもしろかったのは、鶴岡より規模の大きな山形市から若者が県内移住をしていたこと。「なぜわざわざ鶴岡に?」と聞いたら、「おもしろそうだから」と言うんだ。「鶴岡では若い人たちが集まってきて、何かおもしろそうなことをしている。これから何かが始まりそうな予感がする」と。アクティブな人たちはそういう「匂い」にちゃんと反応するんだよね。別に行政が宣伝しているわけでもないし、SNSで告知しているわけでもないのに、「何かが起きそうな場所」には独特の「匂い」があって、それを嗅ぎつける。せっかくなら、それが

(5) 実はぼくたちは東吉野にたどり着く前、移住先候補として広島県尾道市を訪れたことがありました。尾道に移住していたら、また全然違った生活になっていたでしょうね。(青木)

(6) 自然と人とをつなぐ修験道の行者「山伏」の修行体験をきっかけに移住する人が増えている。

うまく回り出した後から参加するよりも、まだ始まっていない何かに立ち上げメンバーとしてかかわりたい。そういう活動的な、鼻のいい人たちがまず中心メンバーになる。それは鶴岡でも周防大島でも同じような感じがした。

都会を味わいつくした人が地方移住するとき

青木　彼らの共通点ってあるんですか？

内田　中心的なメンバーは、首都圏で先端的な仕事をしていた人だね。広告とかメディアとかＩＴとかファッションとか……。そういう「生き馬の目を抜く」ような業界にいた人たちが、あるときふと「こういう生活続けてて何になるんだろう。何か違うんじゃないか」と思ってＩターンする、というケースが両方で見られた。

鶴岡の中心メンバーの一人は、東京の大手広告代理店にいた人で、移住して農業をしながら、地域おこしをやっている人だし、周防大島の中心はパンクロッカーで、農業をやりながら真言宗の僧侶になった人。みんな、若いときには「何かおもしろそうなことないかな」と東京に集まって来たけれど、最先端の業界で何年か過ごして、「見るべきほどのことは見つ」という感じで、地方移住を決めたみたい。東京に中途半端に憧れていると、「ずっと東京にいれば何かあるんじゃないか」という満たされない夢を持ち続けて、時間ばかり経つというリスクがあるけれど、東京で第一線の活動をした経験のある人のほうが「まあ、こんなもんか。だいたいわかったわ」と思えるんじゃないかな(7)。

青木　自分のやるべきことや入り込む隙間がないことに気づいちゃうんですかね。

内田　東京のスピードと強迫的な「格付け」にうんざりしたということが大きな理由じゃないかな。東京はとにかくスピード感のある町なんだよね。個人の能力や素質がわりと速く、かなり適切に査定される。だから、自分の才能はどの程度のものなのか、世間に通じるものなのかどうか、それを知りたいという人はどうしても東京に出てきたくなる。東京は、個人の能力の査定と格付けについては、確かに迅速かつ正確なんだ。でも、若い人をゆっくり時間をかけて育てるとか異能が熟成するのを待つ、というようなことはしない。「今このときにお前の持っているものを全部出せ、それをこの場で評価してやる」というのが東京の作法だから。先方の評価基準に合わなければ「はい、さよなら」。先方のニーズに合わなければ、どんな才能も容赦なく使い捨てにされる。

そういうタイトな生存競争が「好き」という人には東京は向いていると思うけど、

(7) 埼玉で生まれ育ったぼくも、「東京幻想」を確かに抱いていたと思います。東京に行けばやりたいことができる。おもしろいもの、新しいもの、珍しいものに日本でいちばん早く触れることができるけれど、いちばん速く「消費」するだけ。そこに一抹の虚しさを感じてしまう気持ちもわかります。(青木)

普通の人は疲れちゃうと思うよ。絶えず査定的なまなざしにさらされているというのは、体と心に良くないよ。

その代わり、格付けによる資源配分は結果が出るまでが速いわけ。若くても、才能が高く査定された人は、すぐにメディアにもてはやされて、高い年収を保証される。そんなことは地方都市ではあり得ないけど、東京ではある。だから、本当に才能のある若い人はつい東京に向かっちゃうんだよね。その意味では東京は吸引力がある。でもさ、何年かそういう競争的環境に身を置いていると、疲れてくるし、虚しくなってくるんだよね。フロントランナーとして走り続けることが、そんなに人間にとって大事なことなのかどうか、わかんなくなっちゃうんだよ。

移住者は半農がいい

青木 そういう意味で、東京はちょっと刹那的すぎますよね。一方、田舎では半農がベースでしょうか。

内田 自分で食べるものを自分で作っている人は、やっぱり強いね。外の世界で何が起きても食ってはいけるという確信がもたらす「生き物」としての強さがある。

サラリーマンだって、「食えてる?」とか「ようやく食えるようになって」という比喩を使うでしょう。「食える」は都市の場合は貨幣を稼ぐことだけど、田舎では文字通り「可食物を生産している」という意味もある。都市では労働力を切り売りしてお金を稼ぎ、稼いだお金で食べ物をお店で買う。途中でいろいろな中間マージンをさっぴかれて、原価の何倍もの価格になったものを買わなきゃいけない。自分で作る場合には、価値のあるものを自分の手で直接作っているわけだから、迂回がないぶんだけ、納得感があるんじゃないかな。

農業をやっている人に聞くと、作物は自分の労働の成果であるというより、太陽と雨と土の恵みだというふうに感じるらしい。自然から気前よく贈与を受けている、という気持ちになるみたい。それは工場で工業製品を作るプロセスが人間にもたらす達成感とはまったく別のものだよね。工業製品の場合は、最初に書いた仕様書通りの製品ができるべきであって、規格にはずれたものは欠陥品としてラインからはじき出される。それが当たり前だけれど、農業の場合は違う。労働の果実は自分が一〇〇パーセント工程を管理してできたものじゃない。ほとんどが自然からの贈り物です。自分は贈与されたものを享受している、というふうに自分の労働を感じられたら、いい人になりますよ(笑)。

青木　自分一人で生きているんじゃないってことに気づくのは大きいですね。

内田　ものすごく大きいと思う。自然という巨大な贈与者からの贈与を受けて生きているという感覚と、自分の努力の成果は一〇〇パーセント自分の私有物だという感覚はまったく別物でしょう。都会で仕事をしていると、何かというと「オリジナリティ」とか「コピーライト」とか、自分の私有物に手を出すなというタイプの言葉遣いが出てくるけれど、農業をやっていると、自分の作物を全部自分が管理して、創造したものだと思う人はいないんじゃないかな。移住者は「半農」でいいと思うな。青木くんみたいに、庭で菜園しているくらいでもいいんじゃない。少しでも農作物を育てて、それを自分で食べていたら、「自然の恵み」という感覚は身にしみると思うから。

「半農半X」のXで何をするか

青木　そこで考えるのが、「自分には何ができるか」ということ。半農半Xの、Xの部分で「自分なら周りの人にどんなことができるか」を考える。

内田　まわりの人の役に立てることは何だろう、余人を以《もっ》ては代え難い自分ならで

はの能力って何だろう、ということを考えるのは、すごく大事なことだと思うよ。競争社会では「みんなができることを、みんなよりうまくできること」を競う。そうじゃないと格付けができないから。みんなが英語をやるから、自分も英語をやる。同じ技能を比較しないと、精密な格付けはできない。でもこれって、集団全体で見た場合には何の意味もないんだよね。全員が英語だけしかできなくて、そのスコアに数量的な差があるだけという集団と、全員が世界中のさまざまな言語にばらけている集団だったら、集団全体としての知的パフォーマンスは後者のほうが優れているに決まっている。けれど、集団内部での格付けはやりにくくなる。だから、格付けに基づいて資源配分する競争社会では、成員たちの能力がばらけることを原理的には許さない。全員に同じことをさせて競争させようとする。

半農半Xという場合のXは集団内で「余人を以ては代え難いこと」であるべきだと思う。この集落では青木くん以外の誰もしないこと、誰もできないこと、それが君に求められている仕事だと思うよ。わずか一七〇〇人の集落なんだから同じような知識や技術を持っている人がぞろぞろいてもしょうがない。一七〇〇人全員が違う領域の専門家であったほうが、集落は文化的にはずっと豊かになるはずだからね。

青木 そうですよね。都市部ではみんなが同じような能力を求められて、その格付けで低位につくと不要な存在とされてしまう。その余白のなさがすごく精神的に不健康で。地方はその意味では空白だらけなので、そこに自分なりの価値を自分で見つけて——それはそれで大変ですが——、周囲の人たちに何ができるのかを考えていく、一種の実験だと思っています。移住者って基本的には田舎に暮らしたことのない人なので(8)。

内田　縁もゆかりもないところでの暮らしが結構うまくいっているというのが不思議だよね。青木くんたちのような地方移住が成功した最大の要因は、農村部の急激な高齢化だと思う。農村の人口比率がバランスよくて、定常的に再生産ができていたら、若い人が「移住したいんです」と言っても、「いいよ来なくて、邪魔だから」と言われてしまう。でも今は、高齢化と人口減少で「猫の手も借りたい」という状態になっている。もう贅沢を言っていられない。「猫の手でもいいから、来て!」という状態になっている(笑)。

そういう限界集落の増加してきた時期と、都会における雇用環境の劣化が同期したことが、地方移住を後押ししたんだろうね。若い人たちが「ブラック企業で働くより他の生き方はないのだろうか」と真剣に探し始めた時期と、農村の人口減が同期したというのが、この移住現象の根本にある歴史的要因だと思う。

(8) ぼくは埼玉県浦和市(現さいたま市)の住宅街の生まれで、「おばあちゃんの家」も隣の町にありました。ボーイスカウトも嫌いでしたし、できれば家でゲームをしていたい人間です。そんな人間が山村で暮らすようになるとは。(青木)

晴耕雨読を体現したい

青木　ぼくらにとって私設図書館が、そのXの部分になるんじゃないかと思っているんです。晴耕雨読を体現するというか。

内田　晴耕雨読というのは東アジアの知識人にとっては伝統的な生き方だからね。

青木　そうなんです。うちには本がたくさんあるし、教育関係の仕事をしている。それなら私設図書館はどうだろう、と。田舎にはどうしても文化的な拠点がないので、晴耕雨読のライフスタイルをおすそ分けしたいと思ったんです。

今日はその予定地の写真を持ってきました。ここ、天誅組のリーダーの吉村虎太郎さん(9)が亡くなった土地で、史跡になっています。橋を渡ってまっすぐ行くと史跡で、左の杉並木を抜けていくと、この一九五一年に建てられた平屋がある。杉並木のせいで日照条件は悪いのですが（笑）。

内田　いいねえ。

青木　庭があって、きれいな川がある。道具小屋もあります。畳の部屋を閲覧室にして、先生にいただいたちゃぶ台(10)と文机を置こうかと。フローリングの廊下に

(9) 吉村虎太郎（一八三七〜六三）　幕末の土佐藩士。尊皇攘夷派で脱藩するも、寺田屋事件で土佐に送還・投獄される。その後再び京へ上り、天誅組を組織して挙兵するが、幕府軍の攻撃に破れて逃亡、小川郷鷲家口村と鷲家村の間で討たれた。

(10) 二〇一一年三月に結婚祝いとして内田先生からいただいたちゃぶ台は、「ちゃぶ台返し」ができそうにないほどしっかりしたもので、恐縮。（青木）

十棹くらい本棚を置けたらいいなと思っています。

内田 その私設図書館の名前が「ルチャ・リブロ」ということだけど、ルチャって闘いでしょう？ 闘う本屋。

青木 ぼくが好きなプロレスと本をかけ合わせました。メキシコのプロレスはルチャ・リブレ、スペイン語で本をリブロと言うのでピンときて（笑）。でも一応『ハーレムの闘う本屋——ルイス・ミショーの生涯』(11)という本をイメージしています。アメリカ公民権運動時代、知識をつけることと闘うことは一緒のことだと、迫害を受けながらもハーレムで本屋をオープンしたという黒人男性の話です。

今日は企画書を書いてきました。「ルチャ・リブロ」でやりたいことは主に三つ、図書館と寺子屋と研究所です。図書館で思考し、寺子屋で実践し、研究所でさらに専門的に研究していきたい。坂本大祐さんと菅野大門さんの村営シェアオフィス「オフィスキャンプ東吉野」(12)や、障害者の就労支援をしている「社会福祉法人ぷろぼの」(13)とも連携していきたいなと思っています。

内田 すばらしい。地方移住による文化的な拠点づくりというのは、これまで聞いたことのないアイディアだな。

(11) ヴォーンダ・ミショー・ネルソン著、あすなろ書房、二〇一五年

(12) 二〇一五年三月、東吉野村役場の近くに生まれたクリエイターのためのシェアオフィス。行政ではなく移住者であるデザイナー、坂本大祐さんらフリーランサーが運営を担っており、都市からの移住者の入り口としても機能している。奈良県吉野郡東吉野村小川六一〇・二 http://officecamp.jp/

(13) 奈良県で障害者の自律訓練やデイサービス、就労支援活動を行っている。二〇〇六年創業。

これからの知の拠点

青木　研究所でいちばんやりたいのは、比較文化、比較文明です。特定の地域だけを絶対視するのではなく、日本と他の国を比較するとか、農耕漁労文明と牧畜文明の比較を通して、自分たちの地域や国を見直してみたい。自分の国を絶対視する反知性的なふるまいから抜け出すきっかけにもなるのではないかと(14)。そしてそれを地方でやることに意味があるのではないかと思っているんです。

内田　その通りだと思う。「東吉野村で吉野杉の研究をする」というのでは、煮詰まっちゃうんだよね。土着のものと外来のものが「習合する」というのが、日本では伝統的に最も生産的なスタイルなんだ。だから、東吉野村で真兵くんが地中海の古代史研究から得た知見を展開するというのは、「習合」的見地からすれば、非常に生産的なことになり得ると思うよ。

いま、人文・社会学系の教育研究拠点は大学には次第に居場所がなくなっているんだよね。それよりはすぐ金になる領域に教育資源を集中しろ、というのが多数派だからね。もはや大学が知的活動の唯一の拠点であるという時代は終わったと思う。最近では森田真生くん(15)のような独立研究者も出てきて、日本だけじゃなく

(14) 我が家にはテレビがないのですが、先日温泉のロビーのテレビで「日本スゴい！」という内容の番組を見ました。他国と比較して日本はダメだと落ち込む必要はないけれど、殻に閉じこもってしまうのも良くない。良い悪いではなく、自分の国や社会の世界での位置を相対的に見られる目を持っておくことは必要です。（青木）

(15) 森田真生（一九八五年〜）独立研究者。研究のかたわら、国内外で「数学の演奏会」「大人のための数学講座」などを行う。著書に『数学する身体』（小林秀雄賞、新潮社）、『数学の贈り物』（ミシマ社）など。

て、世界中を回っては多様な人たちとコラボレーションをしているけれど、ああいうふうになってゆくんだと思う。

中央集権的な大学組織に入って、その中で業績を積み上げ、高い格付けを得て、テニュアをとって、それから腰を据えて自分のやりたい研究をするというスタイルが、もう無理になってきているんじゃないかな。それよりは、一人ひとりが自分で研究拠点を作って独自に研究活動を行い、個人の資格でいろんな人たちと共同作業して、発信してゆく。本来アカデミアの研究の基本は共同研究であるはずなんだけれど、今は違うよね。成果を査定に使うから、個人についてどれくらい業績があるかはうるさく調べるけれど、その人がいることがある種の「触媒」になって、集団的な化学変化が起きたということについては、そもそも査定する「ものさし」がない。だから、学術集団のパフォーマンスが低下するのは当然なんだよ。

これからいろいろな新しいかたちでの共同研究が出てくると思う。研究所を設立する人も、私塾を開く人も、青木くんのように個人で図書館をやるという人も、いろいろなアイディアが出てくるだろう。でも、どんなかたちであれ、それらはすべて同一の歴史的条件の中で出てきたのだから、文脈的には同じものだと思う。これまでアカデミアが果たしていた機能を誰かがどこかで継承しなければいけない、という止むに止まれぬ気持ちから生まれたものだと思うから。

青木　人文系の学問や図書が意味がないとされるのは、経済的な尺度での判断だと思うんです。別の尺度を使えば非常に意味のある活動になると思うので、なんらかの形でその意義も示していきたいです。

内田　やっている君が楽しければそれでいいのよ。頑張ってください。ちゃぶ台以外で何か送るよ。本棚がいいかな。

青木　うれしいです！　次は経過をご報告します。

移住前夜②青木、完全移住を決意

内田樹×青木真兵

二〇一五年十二月

（この収録について）

それまでは二拠点居住を考えていましたが、「社会福祉法人ぷろぼの」への就職が決まったことで東吉野村に完全移住することにしました。この日はそのご報告に。その様子をインターネットで配信するのが、まさにオムラヂ！

ポスト3・11をどう生きるか

青木　来年四月から東吉野村に完全移住することが決まりました(1)。それ以来、いろいろと取材をしていただくことが増えました。わざわざぼくのところにまで来るというのは、よっぽど移住がトレンドになっているんだなと。「オムライスラヂオ」(オムラヂ)をやっていても何も取材はなかったのに(笑)。ぼくとしては地方移住もオムラヂも同じ、3・11以降の文脈の上にあるのですが。

内田　まさにポスト3・11の生き方だね。

青木　3・11、とくに原発事故への報道を見聞きして以降ですが、都会の経済原理が入り込まない自分の場所を持たないと生命が危ない、と考えるようになったんです。それで自分の言葉で言いたいことを言える場としての「オムラヂ」を始め、その延長線上で東吉野村に移住することを決めました。

取材を受ける中で、「地方移住」という言葉の中には3・11以前と以降、二つのベクトルが含まれているな、と気がつきました。3・11以前の「地方移住」って、憧れの田舎暮らしなんです。定年まで都会で仕事をし、晩年を地方で悠々自適に過ごすという流れで、3・11以降の移住とは切迫感が全く違う。

(1) 障害者の就労支援を行う「社会福祉法人ぷろぼの」の事業所が通勤圏内に新設され、職員として勤めさせてもらうことになったため、完全移住することに。(青木)

ぼくと同年代やもう少し上の人たちは3・11以降の感じなんですが、東京発信の移住支援雑誌はバーチャルなユートピア感が強くて。内田先生は雑誌「ちゃぶ台」(2)にも寄稿されていますが、その辺はどうお考えでしょうか？　農業にあまり関心はありませ……。

内田　あったよ！　ぼくが淡路島に農場を作るというプロジェクトにかかわったのはもう十年くらい前の、3・11のはるか前だもの。ソムリエをやっていた友だちがこれから農業をやりたいというので、彼の農場に全額出資したんだよ。淡路島で葡萄を育てて、ワインを作って、それをぼくのプライベート・ブランドにしてくれるという夢のある事業計画だったんだけど、途中で淡路島には葡萄が合わないということがわかって(笑)。

それ以後も、林業や農業にかかわってきているよ。凱風館もぼくの古い友人の京都の林業家が育てた美山杉と、中津川の中島工務店の育てている木曽檜で建てられているし。ずっと前から「日本の農林水産業を守らなくてはいけない」と言い続けてきたんだけれど、誰も相手にしてくれなかったんだよね。

3・11以降、若い人たちの地方移住が地殻変動的に始まったけれど、それは、自分たちが依存していたシステムの思いがけない脆弱性に気づいて、このシステムは

(2) 自らの生活と時代を自らの手でつくろうとする人々の営みを「移住」「仕事」「農業」を切り口に追うミシマ社の雑誌。内田さんは創刊号で周防大島の事例を紹介。

もう長くは続かないだろうと直感したからだと思う。その人たちは3・11で、「平時モード」から「非常時モード」に切り替わったんだと思う。

でも、一方では3・11を経た今でも正常性バイアスに呪縛されていて、「平時モード」のままで暮らしている人たちもいる。そのシステムの中でキャリアを形成したり、お金を儲ける生き方がこれからもずっと可能だと信じている人がいる。大きく分けると、3・11の後にも「平時モード」のままで生きている人と、こんな生活いつまでも続くはずがないと見切って、「非常時モード」に切り替えた人に二極化したと言っていいと思う。もちろん、「非常時モード」に切り替えた人のほうが圧倒的少数なんだけれど、それでも、それ以前に比べたら激増した。

「非常時」であることは感じたんだけれど、じゃあ、具体的に何をどうすればいいのかはわからない。だから、みんながそれぞれの生物的な直感に従って動き出した。はたから見ていると、それはなかなか見事なものだったと思う。生物的直感に従ったみんなが始めたのが、まず地方への移動と第一次産業への帰還だったんだから。

新たな都市文明の構築

内田　それから、これは鷲田清一さん(3)が言っていたことだけど、3・11で一瞬にしてさまざまなインフラが破壊された状態を「原始時代に戻った」と言った人がいたけど、それは違う、今は原始時代以下だって鷲田さんは感じたそうだ。原始時代なら目の前の川から水を汲めばいいし、生えている植物を採れば食べられる。でも今の都会では、それができない。目の前に流れている川の水なんかとても飲めないし、周りに食用になる野菜なんて一つも生えていない。それを考えると、いったんシステムダウンすると、原始時代より今のほうがずっと生き残るのが難しい。水さえ飲めないんだから。そこまで現代人は生きる力が衰えている。鷲田さんは哲学者としての直感からそう言ったんだけれど、青木くんたちもたぶん同じことを考えたんじゃないかな(4)。

都市で暮らしていると、生きる力が弱まる。便利だから。生きる力なんかなくても、なんとかなる。生物学的に弱くても生きていける環境を作り上げたことそれ自体は文明の進化の賜物だからもちろん「いいこと」なんだよ。でも、その代償として、生き物として強くならなければならないという成長への圧が失われた。だから、

(3) 鷲田清一（一九四九〜）哲学者。大阪大学名誉教授、京都市立芸術大学名誉教授、せんだいメディアテーク館長。著書に『「待つ」ということ』（角川選書）、『「聴く」ことの力　臨床哲学試論』（ちくま学芸文庫）、『生きながらえる術』（講談社）など。

(4) 3．11をきっかけに、今ぼくたちが享受している「便利な生活」は当たり前に与えられているものではなく、何かとトレードオフだったことに気がついたんですよね。そして自分も含めたみんなの関心が、その「便利な生活内」での「勝ち方」にばかりある気がして辟易したんです。（青木）

いざ何かが起きると本当に生きていけない。

青木くんが東吉野村に住んで、ここで米を作ったり、野菜を作ったり、鶏を飼ったりしていれば、大地震が来ても、電気が来なくなっても、とりあえず裏の川から水を汲んで、お米を炊いていれば、半年やそこらは食いつないでいける。そういういちばん基本的な、生身の身体を支えることのできるライフスタイルをめざして、大地を踏みしめた暮らしのほうに向かう動きが始まっている。ポスト3・11のこの流れはもう止まらないと思う。

青木　先日、ウェブマガジン「雛形」(5)に取材をしていただいたのですが、サイトを見ると、移住者一人ひとりにすごく掘り下げて書いているんです。危機の感じ方とか移住した理由とかが一人ひとりすごく違っているからこそ、それを丁寧に聞いていくことでウェブマガジンが成立する。その人たちの暮らし自体が記事になるというのは、すごくおもしろいと思います。

内田　一括りに「地方移住」と言っても、個人の動機も違うし、受け入れる自治体の事情がずいぶん違うからね。急激な高齢化・過疎化が進んでいて、本来はすごく保守的で排他的な村落共同体でも、集落そのものの消滅の危機に直面して、地縁のない人でも移住歓迎という流れが出てきている。日本の農村がここまで「人手不

(5) 移住者のインタビューやコラム、イベント紹介を通し、地域ぐらしの今を伝えるウェブマガジン。https://www.hinagata-mag.com/

足」で追い詰められたのは有史以来初めてじゃないかな。

青木 本当にそうですよね。人口を集中させた都市は消費し、農村は生産するという収奪のサイクルが従来の文明のスタイルだったわけです。きっと今は、農村が疲弊しきって、都市が満杯状態になったところに震災が起きた結果、都市の人がどう生きればいいかわからなくなって、農村に帰っていっているという状況なのかと。今の農村には電気も水道もネットもあって、インフラが整っている。今こそ、消費者ではなく生産者主体の、人口密度は高くないけれど洗練された文化を持つ成熟した都市文明ができるのではないでしょうか。

内田 日本でも過去に一度、都市から農村部に社会活動の中心が移った決定的な時期があるんだけれど、それは鎌倉時代なんだよ。源平合戦を通じて平安時代までの都市文明が解体し、坂東武者たちが政治的・経済的実力を握った。そして、京都から鎌倉に中心地が移った。それは単に政治的中心が移動したというだけじゃなくて、鈴木大拙(6)によると、大地に足を踏まえて、生産に直接携わってきた人たちが政治を動かすようになってきたということなんだよ。京都という都市は自然を周到に排除して作られた人工的な空間で、何も生産しない、完全な消費圏だったんだ。「京のならひなに事につけても、みなもとは田舎をこそたのめるに」と鴨長明(7)

(6) 鈴木大拙(一八七〇~一九六六)仏教哲学者。鎌倉の円覚寺で今北洪川に師事し、参禅。英文誌「イースタン・ブディスト」を刊行するなど仏教思想を海外へ紹介した。著書に『禅と日本人』(岩波新書)、『日本的霊性』(岩波文庫)など。

が『方丈記』に書いている通り、すべての資源は「田舎」に依存していた。だから、田舎からの物流が途絶えるとたちまち人々は飢えた。鎌倉時代になっていちばん変わったのは、「田舎」に政治的・経済的・文化的中心が移動したことなんだ。鎌倉仏教や武道や能楽のような、それ以後の日本文化の骨格になるものがそのときに成立する。大拙によれば、平安時代まで日本にあったものはおおかた中国からの「借り物」で、「日本オリジナル」なものではなかった。

それと同じようなことが今起きているんじゃないかとぼくは思うんだ。平安時代が終わって鎌倉時代が始まったときのような、一種の文明史的転換じゃないかな。青木くんが言うように、消費だけをする都市文明から離脱し、自給自足できる、相互支援的な中間共同体が各地に散在するようになってきた。それが可能になったのは、皮肉な話だけれど、社会的インフラが、特に通信インフラと物流インフラが整備されたからだよね。かなり山奥に入っても、ネットはつながるし、宅配便も届く。

非正規雇用率は今や四十%。日本の雇用環境はかつてなく劣化している。賃金や労働時間だけの問題じゃなくて、職場に人間的な信頼関係とか、親密なコミュニケーションがもうない。ないというか、誰もそんなもの求めていない。かつての終身雇用・年功序列の疑似家族的な企業だと、どれほど給料が安くても、そこで働く

（7）鴨長明（一一五五頃〜一二一六）　鎌倉前期の歌人で中世隠者の代表的人物の一人。下鴨河合社の禰宜に推されるも一族の反対で実現せず、失意のうちに出家。著作に「方丈記」「発心集」など。

人たちは一種の共同体をかたちづくっていた。だから、年長者は若い人たちの社会的成熟を支援して、仕事を教えるだけじゃなくて、結婚相手を探したりした。独身社員たちはしょっちゅう上司の家に行ってご飯を食べさせてもらっていたし、休日は一緒にハイキングに行ったり、麻雀をやったりしていた。そういうのって、雇用の視点からは副次的なことに見えるかもしれないけれど、実際にはそういう日常的な親しみを通じて「チーム」が形成されたし、それが日本企業の高い生産性を支えてきたんだとぼくは思う。

今、日本企業の生産性がどん底まで低下しているのは、職場で一日十時間以上一緒に過ごしている人たちに何の親しみも感じられない、何を考えているか知らないし、知りたくもない……という関係性、働き方が常態化したからだよ。それでは「チーム」ができるはずない。労働というのは個人じゃなくてチームでやるものなんだけれど、成果主義の導入で、そもそも「集団で生産する」という発想そのものが傷つけられてしまった。

だから、過労死寸前まで働いても、さっぱり達成感がない。命を削って働いても、誰からも「ありがとう」と言ってもらえない雇用環境が生まれた。そんなところで働き続けるのは、心身ともに無理だと思った人たちが地方移住を選択したのだと思う。たしかに現金収入は減るだろうけれど、生活のクオリティは上がるし、健康にもいい。何より、農業生産の場ではまだ共同体が生きている。移住者を求めている集落だって、別に個人の事業主が安くて使い勝手のいい「人材」を探しているわけじゃない。新しい人が入ってこないと「共同体」が存続しないと思っているからこそ移住者を迎えている。ベースが個人じゃなくて共同体であるというところが、都市と地方の違いじゃないかな。

青木　都市にいると、すべてがバーチャルという実感があります。自分の立っている土台の下にはぽっかりと大きな穴が空いていて、いつ崩れてもおかしくないという不安が強くあるんです。その感覚は都市から地方に移住した人とは特に共有できそうな気がします。

自然を抱えて暮らすということ

内田　選択肢はいろいろあると思う。ぼくが神戸という都会に暮らしていながら地方移住しなくちゃという気持ちに別にならないのは、武道を生業にしているからだと思う。

人間の身体って、いちばん身近な自然だから。どれほど都市が自然を排除しても、人間の身体という自然だけは排除できない。身体があれば、食べ物飲み物が要るし、排泄物を出すし、病気するし、怪我するし、死んだら腐る。だから、都市からあらゆる自然物を締め出しても、人間の身体という自然だけは残る。

武道というのは、自分の身体がどんな構造になっていて、そこにはどんな潜在資源が埋蔵されていて、それらをどうやって引き出せばいいのかの研究の体系でしょう。農作業が「自然の恵み」を享受する活動であるように、自分の身体という自然物からそれが潜在させている力を最大限度引き出すということをぼくは楽しんでいるわけ。能楽の稽古も同じだと思う。自分の身体にふだんは気がつかないけれど「古層」があって、謡や舞の稽古をしていると、その「古層」が活性化して、中世の日本人が出てくる。それはぼくが仕込んだものじゃない。気がついていなかったけれど、ぼくの中に堆積していたものなんだ。それを発見するとびっくりするよ。

今のところ、ぼくの生活は武道と能の稽古を中心に回っている。だから、かなりの時間を自分の身体という自然とどう向き合うか、どうやってそれが蔵している潜在的なものを引き出すかということに割いている。都市に住んではいるんだけれど、実は自然の人なのね。シティ＝ネイチャー派(8)。

(8) 実はオフィスキャンプがきっかけで集まったメンバーは、ぼくを含め全員がシティ＝ネイチャー派。標高何千メートル級の山やアマゾンの急流みたいな大自然に挑んだりはしないけれど、都市部ではやっぱりネイチャーが足りないという共通感覚を持っている。身体の強くないぼくらにとって、屈強なマッチョがいないというのは居やすいポイントだったかもしれません。（青木）

一日パソコンの前でキーボード叩く仕事して、夜帰ってきて、ネット見て、テレビ見て、寝ちゃうという生活だと、うっかりすると、一日のうち一秒も自然に触れないということだってあると思うんだ。土にも触らなかったし、植物にも触らなかった。そういう生活はほんとうにバーチャルだと思う。「バーチャル」の反対語は普通は「リアル」だけれど、ほんとうは「ネイチャー」だと思う。

青木　それって、偏見かもしれませんが、世代差がかなりある気がします。例えば内田先生の場合、全共闘運動とかの影響もあるのでは……。

内田　どうかな。全共闘運動そのものはバーチャルで幻想的な政治運動だったから(9)。年代的なことを言うなら、それよりは一九五〇年代の東京にはまだ自然が残っていたからじゃないかな。ぼくの家の前は麦畑だったし、まだ雑木林もあちこちに残っていた。多摩川で泳げたし、近所の池でザリガニも釣ったし。東京オリンピックまでは、東京都内にも結構自然が残っていたんだよ。そういう環境で産湯をつかったから。そのわずかに残っていた都内の自然が六〇年代半ばから十年くらいでほぼ完全に破壊された。子どもたちにとってはたいせつな遊び場がほとんどなくなってしまったわけなんだから、そのことに大人が喜んでいるのに絶望した――それがぼくたち世代の原体験だからじゃないかな。

(9) 内田先生にとって全共闘運動（＝革命）とは何だったのか。これはぼくも気になるテーマでした。ルチャ・リブロの機関誌『ルッチャ』創刊號掲載の対談「革命と才能と」で少し伺っています。（青木）

青木　神戸という都会に住みつつも生活の中で身体という自然に触れていれば、わざわざ地方に移住しなくてもいいと。例えば商店街に行けば行きつけのお肉屋さん・八百屋さんがあって、ナチュラルなものが感じられるとか。

内田　商店街とスーパーの違いって、あるよ。スーパーマーケットって商品が整然と並んでいて、店長やパートの人が入れ替わっても、商品の種類も配列も何も変わらないけれど、商店街はそうじゃないでしょう。生身の人間がやってるから(10)。

商店街って、それぞれの店が相互依存しているんだよ。要るものは多少割高でも、商店街の中でまかなう。その代わり、よその店の人も、要るものは多少割高でもうちの店で買ってもらう。そういう相互依存なんだよ。

だから、商店街がつぶれたのは、お店の人たち自身が「一円でも安いものを買うのが消費者の義務である」という市場のルールに服従するようになったからだと思う。そんなルールに従うべきじゃなかったんだよ。多少高くてもお隣から買わないといけないの。そうすれば、お金が商店街の中をぐるぐる回るでしょ。そんなことしても儲からないと思うかもしれないけれど、落語の『花見酒』でもそうなんだけれど、二人で同じ小銭をやりとりして、お酒を飲んでいると、「なんだかえらくいい匂いがしている」というので、人が寄ってくる。その人たちが「一杯おくれ」と

(10) 九〇年代初頭のぼくの地元・埼玉県浦和市（現さいたま市）には、個人商店が軒を連ねる商店街がかろうじて残っていました。変化の第一歩は「どぶ川」がなくなったこと。国道拡張のためどぶ川は埋められ、沿道の民家は立ち退きました。それと並行してコンビニが増え、個人商店や商店街が消えていったかもしれません。実際の事情はもっと複雑だったかもしれません。でも家の裏のどぶ川の消失の記憶は、今も鮮明に残っています。（青木）

言ったときにお酒が残っていれば、この商売は成功なんだよ。とりあえず、狭い範囲でも、商品とお金がぐるぐる回る交換活動が継続してさえいれば、そのうち「なんだか、ここはにぎやかだな」と通りすがりの人が足を止めて、そこでものを買ってくれる。商店街に利益をもたらすのは、この「通りすがりの人」なんだけれど、彼らが「通りすがる」ためには、商店街の店が開いてなければいけない。全部の店が開いているから、足が向くんだよ。商店街の人たちが一円でも安いものを買おうとスーパーに行くようになったら、商店街はたちまちシャッター街になってしまう。そしたら、誰も「通りすがらない」。そうやって商店街は自滅しちゃったんだ。割高でも隣の店から買うというルールを守り抜いていたら、いまでも商店街は生き残っていたと思うよ。

みんなで一緒に生き延びようという運命共同体の連帯感が商店街を支えていたわけで、それは市場原理とはまるで違うものなんだよ。お店の売り上げが立たないと、自分たちの生身の身体が飢えたり、家を失って路頭に迷ったりしかねない、というリアルな身体感覚に裏づけられて商店街が成立する。商店街のあのなんとも言えない生々しさは人間の生身性がもたらしているものだと思う。

でも、デパートとか駅ビルとか郊外のショッピングモールとかには生身性なんてかけらほどもないでしょう。どこかのテナントが倒産しても、別のテナントに入れ代わるだけだし、モールそのものが廃業しても、本社の株価が下がるぐらいで、どこにもそれでじたばたする生身の人間の姿が見えない。

今青木くんが言った「商店街ってナチュラル」というのは、そういうことだと思うよ。生身の人たちの生活がかかわっている感じがするんだよ。

いつ通っても客の姿がない店って、商店街歩いていると、ときどきあるじゃない。そういうときって、「この店の人はどうやって食っているんだろう」って心配になるでしょ？　店に並んでいる商品と、それを売って生きている人の生身の身体とが直接リンクしているから、そう思うんだよ。戦後の闇市で自分の家財道具を並べて売って飢えをしのいだみたいな感じに近い。これを売らないと食べるものがないというようなひりひりした現実が商店街だと可視化されている。だから、商店街はバーチャルじゃないんだ。

人文学は「非常時の学問」

青木　今、ぼくが考えているのは、大地に根づいた新しい文明についてなんです。

昨今、効率が悪いとか役立たずだと言われている人文学ですが、大地や生身と最も親和性が高い学問だと漠然と思っています。人文学って、そもそも何なんでしょうか。ぼくが地方に人文知の拠点を作りたい「直感」って、ちゃんとリンクするのでしょうか。

内田 世の中を見ているとわかるけど、人文知が要求されるのは、混乱期なんだよ。自分たちの暮らしている社会基盤の足元が崩れてきて、価値観が揺らいでくると、不思議なもので、みんな「命とは何か」とか「愛とは何か」とか「国家とは何か」とか「貨幣とは何か」とか、根源的なことを考え始めるんだ。

青木 既存の価値観を問い直すような。

内田 そうそう。社会が安定していて順調に豊かなときには人間って、株価がどうかとか、今朝の体重は何キロだとか、そういう数値的に考量可能な、目先のものに「ものさし」を当てるようになる。

ところが非常時になると、この先何が起きるかわからなくなる。そうなると、ものの見方が大づかみで、根源的になる。国民国家が液状化してきたら、どうしたって「国家ってなんだろう?」という問いが現れてくる。国民国家が安定的に機能しているときには誰も「国家ってなんだろう?」なんて問わないもの。だから「実学の時代」というのは「平和な時代」ということなんだよ。

だから、今、政府や財界が「人文学は要らない」と言う(11)のは末期的な症状だと思うよ。人文学というのは非常時の学問だから、移行期や混乱期や激動期を生き抜くためには絶対に必要なものなんだけど、それを「要らない」と言い出した。「すぐに換金できる実学だけやっていればいい」と言い出した。これは彼らが正常性バイアスに呪縛されていて、今が移行期・激動期だという現実認識そのものを失っているということなんだよ。末期的なんだ。

青木　「人文学は要らない」とエリートが言い出したことをもって激動期だと。

内田　教育行政のトップがそんなこともわからなくなったというのは危機的状況でしょう。世の中には確かに「実学的な学問」と「非実学的な学問」があるんだけれど、これは要・不要や効率・非効率の区別じゃなくて、必要とされる時代状況が違うということに過ぎないんだよ。

学知にも非常時用と平時用がある。平時には金融工学でもマーケティングでもやれるけれど、非常時には哲学や文学や人類学や精神分析といった人間や集団の本質を問う学知が必要になる。

実学に熱中できるのは「いい時代」だということなんだよ。全員が金儲けのこと

(11) 二〇一五年六月、文部科学省が全国の国立大学に対し、「社会が必要としている人材の育成や地域への貢献を進めてほしい」として、人文社会学系の学部と大学院の組織改編を求める通知を出したことから、「文学部不要論」への賛否両論が巻き起こった。

だけ考えていても、何も困らないというのは、システムがすばらしくうまく作動しているということなんだから、これは言祝ぐべきなんだ。でも、ぼくらはもうそんなのんきな時代にいるわけじゃない。激動期に入っている。だから、人文知が必要なんだよ。非常時なんだから。都市とは何かとか、農業とは何かとか、共同体とは何かって、みんな真剣に考え出したじゃない。十年前だと、まだそんなこと誰も言ってなかったでしょう。

青木　問い直す必要がなかったですからね。

北極星としての人文知

内田　そういう根源的なことを問い直す学問が人文知なんだよ。でも、それは根源的な学知だから、今日明日の飯の種には結びつかない。

青木　ということは、今日明日の飯の種を自分で作っていれば、晴耕雨読に徹することができますね。

内田　そうだね。晴れた日には自分の食べるものを作り、雨の日には天下国家とか宇宙について考える。そうしたら、目の前の現実がどんなに変化しても動じることはないから。自分の足元の地面と、はるか歴史や宇宙のこと、その両方に触れていると、目の前の社会の変化もあまり慌てずに観察して、理解できるんじゃないかな。

青木　そうか！「正解のない時代」というのはそういうことなんですね。北極星を見ながら自分の方角を確かめつつ、とぼとぼ歩くというような感覚。遠いところに思いを馳せつつ、日々の生活を送ると。

内田　これからの時代、目の前の風景はどんどん変わってゆくんだと思う。その時々に適切な判断をするためには、かなり遠距離のところに、動かない尺度をしっかり持っていないとね。

青木　それこそが人文知であり、今ぼくらに必要なものということですね！東吉野村にそんな拠点がつくれるよう、楽しくやっていきたいです。

理想の大家さんと出会う

青木真兵

二〇一六年四月、ぼくたちは兵庫県西宮市から奈良県東吉野村へ移り住みました。もともとは「オフィスキャンプ東吉野」ができたばかりの頃、たまたま遊びに来たことがきっかけでした。

川が狭く、開けた土地のない東吉野。目立った観光地もないけれど、こぢんまりと身の丈サイズな風景が気に入りました。「オフィスキャンプ」の坂本大祐さんと「体調を崩した話」で盛り上がり、地方への引っ越しを考えていること、引っ越すなら図書館をつくりたいと考えていることなどをお話ししました。

二週に一度のペースで数回通った頃でしょうか。空家を見せていただくことになりました。全国的に空家が増えていることはニュースや知人の話で聞いていましたが、過疎地に親戚がいるわけでもないぼくらにとって、身近な問題ではありませんでした。

「空家ってどんな感じだろう」。

今思えば全くもって失礼な、興味本位の内見でした。「よし、引っ越し先を見つけるぞ！」という意気込みは、これっぽっちもなかったのです。

案内していただいた七月は、手入れをしないため育ちすぎた杉の木のせいで日陰が多いこの村にも、たっぷりのお日様が降り注ぐ季節。村役場の桝本さんがオフィスキャンプまで車で迎えにきてくださいました。

桝本さんは、「集落から離れているし、ちょっと住むのは難しいかもしれないけど、一応ね」と言って車を川の縁に停め、降りて橋を渡っていきました。「どこへ行くんだろう？」と思いながらついていくと、眼の前に突然史跡が現れたのです。歴史研究をしているぼくのテンションは、一気に上がりました。

史跡の手前を曲がり、光も射さないうっそうとした杉並木を抜けると、急に視界が開けて、そこに一軒の家が建っていました。家の前には、比較的がっしりした体格で背が高く、先ごろ亡くなったぼくの祖父に似た、優しそうな雰囲気の方が立っておられました。

これが、大家さんの上辻良輔さんとの出会いでした。

玄関から家に上がると、南北を貫くしっかりとした板間が目に飛び込んできました。その東側に畳の部屋、西側には板間の部屋と台所。北側には洗面所とお風呂がありました。

「ここなら図書館ができる！」、そして「今にも住めそう！」と思いました。すぐにそんなふうに思えたのも、奈良県の西側にある香芝市にお住まいの上辻さんが、定期的に家の窓を開けて空気を通したり、家財道具を減らしておいてくださったからでした。家は人が住まなくなると途端にダメになると言いますが、この家は十年ほど空き家だったとはいえ、きちんと手入れがされていたおかげでいつでも住める状態だったのです。

もうひとつぼくらの背中を押したのは、「図書館にしてもいいですか」という無謀な計画をお伝えしたとき、何も聞かずに「いいですよ」とおっしゃってくださったこと。

「何それ、どういうこと？」と説明を求めるのが普通でしょう。ぼくたち自身もなぜそんなことをしたいのか、理由がよくわかりません。ですから「理由がないものは許可できないよ」と言われたら、たいそう困ったと思います。でも上辻さんは「使ってもらったほうがいいだろうから」とすぐに承諾してくださいました。

この言葉にぼくたちはとても救われました。

家を紹介してくれたのは役場の方でしたが、実際に契約を交わすのは大家さんとぼくら借り主。大家さんとの相性がすべてを決めるといっても過言ではありません。

その点、上辻さんはぼくたちにとって「理想の大家さん」でした。東吉野村のご友人を訪ねた帰りにわざわざ寄ってくださったり、生活のことを心配してくださったり。ぼくたちが香芝市の上辻さんのお宅を訪ねたときには、いつも「ご飯でも行きましょう」と連れていってくださいます。

さらに、ぼくたちが開催している「土着人類学研究会」の第一回ゲストにも来ていただき、上辻さんがこの家に住んでいた一九五〇年代前半頃のお話などをお聞きすることができました（『ルッチャ』創刊號に「この家が建ったころ」として収録）。人口が八〇〇〇人近くいた頃の東吉野村の様子は、人口二〇〇〇人を切った今では想像もつかないことで、失われた景色に想いを馳せました。

縁もゆかりもなかった東吉野村に越してきて楽しく暮らせているのは、地域のみなさん、移住者のみんなの存在はもちろん、こんなふうに、いつでも味方でいてくれる上辻さんの存在によるところが大きいのです。

あわいの空間

青木海青子

橋を渡って林を抜けたところに一軒だけある、築六十年ほどの古い家。二〇一六年、この家を前に、「ここを図書館にするなら、どういう空間がいいだろう。どんな図書館だったら、安心できるかな」と、ぼんやり考えました。

モデルとして頭に浮かんだ場所は、どれも図書館ではありませんでした。例えば「菊池貝類館」。今は閉館してそのコレクションが「西宮市貝類館」へ移動した菊池貝類館は、かつて西宮市大浜町にありました。博物館、資料館というより、お屋敷とか宝物館と呼ぶに相応しい場所でした。蔦の這うレンガの外壁や、信楽《しがらき》焼《やき》の狸、アフリカの仮面、キリム等々に囲まれた、たくさんのショーケース。怪しげで秘密めいた空気が、とても好きでした。

もう一つは、徳島出身の作家・富士正晴さんの書斎です。といっても、大阪府茨木市の「富士正晴記念館」に再現された書斎を見ただけなので、実際の場所を訪れたわけではありません。

富士正晴さんは、茨木市の竹林に宅を構えたことから「竹林の隠者」や「竹林の賢者」と呼ばれた文人でした。本棚が並ぶ書斎の真ん中には使い込まれた文机や座椅子、自身で描いた味のある衝立が置かれています。再現されたこの書斎を見たとき、「竹林の中に、ふとこんな文化的な場所が現れたら、夢を見ているような気分になるだろうな」と胸が高鳴りました。

以前の職場（学校法人）で先生が、「教員として学びの種はいろいろ蒔くけれど、何が発芽するかは学生次第で、予想はできない」とおっしゃったことがありました。「図書館で本を手にとってもらえるかどうか」も、それに似ている気がします。館内に特集棚を作ったときも、「手にとってもらえるように、明るくわかりやすい雰囲気のものを。マニアックな本は避ける」などとゴチャゴチャ考えたけど、結局、全然意図していない本に意外な関心が集まったり。むしろ奥深い本を学生から教えてもらったりしたものでした。

人それぞれ、何かに惹かれるトリガーがあります。入口が閉じたり開いたりするような、秘密めいた「わかりにくさ」が気になって、引き寄せられる人もいるんじゃないかしら。

少なくとも自分が「こんな図書館があったらいいな」と考えたとき思い描いた二つの場所は、どちらも怪しさが残る、隠れ里のような空間でした。小さな声で自分にだけ耳打ちしてくれるような、私しか知らない異国みたいな場所。そんな彼岸と此岸、夢と現実のあわいのような空間を、山の片隅に構え続けられたらと思っています。

ぼくらの移住道
鈴木塁×青木真兵

二〇一六年二月

鈴木塁（すずき・るい）

中学卒業後、長野県へ移住。オーガニックショップを立ち上げ、パン製造を担当。その後Ｗｅｂ制作者に転身。会社勤めを経て独立。現在フリーランスとして活動中。

（この収録について）

鈴木塁さんは、「オムライスラヂオ」のブレーンであり、創造主です。ぼくは実際、鈴木さんの掌の上でちょこちょこ動き回っているのに過ぎないのではないかと思うことがありま す。この収録のスタジオは鈴木さん宅。オムラヂはぼくと鈴木さん、左海拓さんの三人で始めました。左海さんという人がこれまた最狂なのですが、それはまたいつか。

「住む」を取り戻す

鈴木　青木さんがいよいよ東吉野村で独立研究者としての第一歩を踏み出したということで、今回は「移住と引越しの違いはなんぞや」ということを考えてみたいと思います。寝る場所があるところ＝住んでいるところと言えるんだろうけど、しょっちゅうあちこちに行っている人はどうなんだとか、その辺の価値観もいろいろですね。

青木　「住む」とは何かを、今一度考えたいですよね。だって今はどこでも同じような生活ができるわけだから。今回、東吉野村への移住をめぐるあれこれで気づいたのは、「どこに住んでも基本的には同じである」ということでした。違うのは、近所の人とか周りでつながっている人たちだけ。都会では人間関係が断絶しがちで、ご近所とのかかわりが減っている。そのつながりを取り戻すために地方へ移り住む人が増えているのかもしれません。

東吉野村の「オフィスキャンプ東吉野」(1)を中心にした人たちは、まったく押しつけがましくなく、非常に肩の力の抜けた、一緒にいて気持ちのいい人たち。そこがぼくにとっていちばん大きかったですね。

(1) そもそもオフィスキャンプ東吉野にたどり着いたのは、鈴木さんが「行ってみよう」と言ったから。ぼくたち夫婦の頭には「シェアオフィス」なんて概念は存在しませんでしたから。(青木)

鈴木　「オフィスキャンプ東吉野」にはオープンから八ヶ月間で一〇〇〇人以上が来訪したということですが、凄まじい数ですよね。決してアクセスが良いとは言えない村(2)なのに。

どこに住んでも一緒だというのは、暮らすとか生きるということが今や抽象化しちゃったということだよね。不動産屋の物件情報を見るとわかるけど、駅から何分とか公共施設から近いとか、条件が共通パーツ化されているじゃない。そのフォーマットの上に一応個性がのっかっている風だけど、それさえも情報化されていて、どこへ行ってもあるものはほとんど一緒。そう考えると、絶対に作れないしパーツ化できないのは山や川、森といった自然や人、ということになる。やっぱりそういう環境の影響って、ものすごく受けますよね。パーツ化された世界にずっといると、人間はどうしても均質になっていく。

青木　東吉野にいると、森も山も人も地続きであるという感覚が蘇ってきて、元気になってくるんです。都会に来ると便利なんだけど、やっぱりパーツを集めている感じがしてしまう。

(2) 東吉野村へは近鉄大阪線「榛原駅」から奈良交通バスで約三十分。休日は事前にコミュニティバスを予約し、乗り継ぐ必要がある。

はみ出し者たちが始めた新しい生き方

青木　この『ローカルライフジャーナル』(3)は奈良県が発行しているフリーペーパーなのですが、その創刊号に「今、東吉野で何が起こっているのか？」という特集が組まれています。でもこのキャッチコピーって、東吉野村に移住してきた人自身が思っていることで。しっかりした理由があって移住しました！という人はほとんどいない気がします。

鈴木　だってここに出てきているの、曲者ばかりじゃないですか(笑)。

パーツ化もルール化も、結局は人の頭の中から生まれたもので、それらを集めてできているのが都市なんだと思う。日本は特にそれが顕著で、だから外国人が「清潔だ」と感動するんだけど。でも実はこんな変なことしたら怒られちゃうかも、という明文化されていない同調圧力がギュウギュウにあって、ハード・ソフト両面から逸脱できない仕組みになっている。

最近、そこからはみ出した人たちの生き方が少し変わってきたということなのかな。そもそもぼくらは肉体というパーツ化とはかけ離れたものを持っているわけで、はみ出さないほうがおかしいんだけど。

(3) 奈良県の中南部から東部にかけての十九市町村「奥大和」で暮らす人々が自らの言葉で発信するメディア。青木真兵、海青子、坂本大祐らがライターに加わっている。ウェブ版もある。http://locallifejournal.jp/

青木　外国人監督が日本を舞台に映画を撮ると、たいてい表情のない群衆を映しますよね。先日見た映画（4）はそれが極端で、渋谷のスクランブル交差点で無表情の群衆を映したと思ったら、その群衆がロボットに変わる、というわかりやすいイメージが出てきて。ああいうのが日本に対する世界の共通認識なんでしょうね。

鈴木　今、本当にいろいろなものが人工化していて、もはや人間を人間たらしめているのは肉体だけじゃないかと思うんだけど、それさえもアンドロイドにするかどうか、というところで。実際、コンピューターがウエラブルになったりと、その傾向は強まっている気がするし。

脳をデータ化して身体を機械化し、制限のない世界へ飛び出したいっていうのは、男性の欲望なんじゃないかな。その発想をベースにいろんなルールが作られてしまったから、ぼくらはロボットのように動いているのかもしれない（5）。

青木　確かに、「仕事ができる」とされている人を突き詰めていくと、それってロボットじゃん、となりますね。この場合の「仕事」のベースになっているのは、高度経済成長期の、工業化時代の感覚。今あるものをどう使ったりシェアしていくかに関心が移っているポスト工業化の時代にはあまり合わない「仕事観」ですよね。

鈴木　やっている本人もつらいしね。なんのためにやっているんだろうとみんな

（4）タイトルをさっぱり忘れてしまいました。二〇〇〇年代中頃にシネ・リーブル梅田で観た、フランス映画三本立ての一本だった気がするのですが。ご存知の方、教えてください！（青木）

（5）データは複製できる。複製された脳と機械の体。そこに魂はあるのだろうか。「攻殻機動隊」（漫画原作・アニメ化多数）は一貫してこのテーマを扱っていて、おもしろいです。（鈴木）

思っているのに、お互いを監視し合わずにいられない。一体これはなんなんだろう。

青木　その感覚は、「オフィスキャンプ東吉野」のメンバーも共有しているんじゃないかな。

場所が変われば役割が変わる

鈴木　一人も、いわゆる「勤め人」がいませんからね。

青木　そうですね。まあぼくがいちばん勤め人に近いのかな……って！（笑）ぼくは日本では最も整理整頓が苦手なタイプだったのに、イタリアの発掘グループに入ったとき「お前がいちばんしっかりしているから管理係だ」と任されたことがあって驚きましたが、なんかそれぐらいの感じですよ(6)。

でも、場所が変わると自分の役割も変わってくるんですよね。そうなって初めて自分にはこんなことができるんだ、と気づくこともある。求められる役割が変わると、その人自身も変わらざるを得ない。それをネガティブに捉えるのではなく、「人ってそういうもんだよね」とか「役割が変われば自分も変わればいいじゃん」と思えること＝肩の力が抜けているということかもしれませんね。

(6) イタリアの発掘チームではいろんなことを学びました。日本では食事中に年上の人の水がなくなったら、注ぐのは当たり前じゃないですか。でもそれをしたら「注いでほしいなんて言ってない！」と怒られたんです。その人を一人前の人間と認めていないように映ったのかもしれませんね。良くも悪くもヨーロッパの個人主義を思い知った経験でした。（青木）

人の生活が場所によって規定されるのも自然だと思うんですよ。近代以前はそれしかなかったわけですから。

鈴木　我々人間は、ほとんどの時間をそうして生きてきたんだよね。

青木　そうそう。まずそのことに気づけば、次に与えられた役割や仕事を全うすることを通じて自分にしかできないことにも気づく。気づきの二段階があるんじゃないでしょうか。みんな最初から「自分にしかできないことって何だろう」と悩みがちだけど。

鈴木　今から思えば、あれって広告屋さんの作った概念だったんじゃないだろうか。

青木　「あなただけ」のものとか、「あなただけ」としないと、一人ひとりに物が売れない。

鈴木　やっぱり分断なんだね。パーツ化して分断することで分母を増やそうとしている。でも結局我々は究極のどんつきの部分で、肉体をまとっているわけじゃないですか。同じように、地球自体も有限であって、いつかは限界がくるし、グローバリズムによって中間層の人数はどんどん減っていって、貧困層になだれ込んでいる。そうやって追い詰め続けた先に、一体何があるのか。

青木　その限界に気づいた人たちは、ちょっと引き返そうかな、という感じになっ

てきているんじゃないでしょうか。

鈴木　今の「移住ブーム」は広告屋さんの匂いがして嫌だけど、そういう捉え方じゃなくてさ。危険に気づいた人が、もうこれからは勝手にやるってことでしょうね。

青木　そうですね。仕事はやっぱり責任の所在を明らかにするためにも「個人の名前」でやるべきだと思うんですよね(7)。そこを間違えちゃうと、ねえ。

鈴木　価値を数値やお金に置き換えすぎるのは危険ですよね。仮想化や抽象化をしすぎると、行き詰まります。抽象化そのものがその人が生きている理由みたいになっちゃって。とはいえ会社員はやっぱり所定のフォーマットに従って働かなきゃいけないし、資本家がそのルールに従う限り、労働者はどこまで行っても搾取されちゃうんだ、結局。

青木　なんか久しぶりにオムラヂ節が炸裂した気がします(8)。

鈴木　つい「移住道」を語っちゃいましたね。ともかく輝かしい移住の道を歩みだしたということですね、オムラヂリーダーは！

青木　いやいや、茨の道ですよ。ゴルゴダの丘を上ってます。

鈴木　でも川が流れていたりするのはいいですよ。海や川や山を眺めるのが気持ち

(7) 個人がバイネームで仕事をするのと同時に、全てが自己責任で片づけられることのない社会にしていくことが必要です。自分の責任で行動できるけれど、失敗したりつまずいたときにやり直すことができる社会。まずは家庭や職場をそういう場所にしていきたいです。(青木)

(8) 東吉野に移住してからというもの、日常の瑣末なことでも「人類は……」と話を大きくする鈴木さんの語りを聴く機会がなかったので、懐かしかったのかも。「大きな話」は具体的な答えは示してくれないけれど、視界をパッと開いてくれます。これぞオムラヂ節！(青木)

いいというのは人間にとって当たり前のことで。終わりのないものの前に立つということの喜びでしょうね。これぞ「移住道」！　また話を聞かせてください(9)。

(9) 言葉は便宜的にアナログをデジタルに変換しますが、川の流れの連続を言葉で断ち切ることはできない。青木さんみたいな言葉の人が、目の前に川が流れる場所へ移住した。これがすごく象徴的で、彼はいよいよ言葉にできない人になったなと思います。（鈴木）

限界集落と自己責任

青木海青子×青木真兵

二〇一九年七月

（この収録について）

「ルチャ・リブロ」のご近所、「レストランあしびき」で録り下ろしました。オムラヂはこれまでゲストを招くことが多かったのですが、特に二〇一九年以降、夫婦だけでの収録が増えてきました。「言いたいことが言える場」から「言いたいことを言う場へ」。名付けて「山村夫婦放談」！　山村（SUN SON）と「夫婦放談」とくれば、勘の良いラジオフリークはおわかりになるでしょう。

青木　そういえば、村で最初にご飯を食べに来たのは「あしびき」さん(1)でした。

海青子　純喫茶みたいな懐かしい感じがあって、メニューも豊富で。まだ移住前でしたね。

青木　初めて東吉野村に来たとき、「オフィスキャンプ東吉野」の人たちに連れてきてもらったんだよね。雰囲気も好きだし、ご飯もおいしいので通うようになって。村で唯一の洋食レストランが自分と合わなかったら移り住む気にはならなかったと思うけど、ここはとてもあったかい雰囲気でよかったよね。

「移住」というより「引越し」です

海青子　取材等で、「どうして移住したんですか?」と尋ねられると、いつもどう答えたらいいかわからなくて。立派な理由があったわけじゃないんですよね。

青木　周りの移住者にも「よし! 俺がこの村を救うぞ!」みたいな大義名分のある人は少なくて、みんな意外と現実的。都市部で引っ越すときって「駅から歩いて十分ぐらいのところがいい」とか「このエリアが住みやすそうだな」とか「家賃がほどほどの部屋」とか考えるけど、その感覚に近いのかも。

(1)「ルチャ・リブロ」からいちばん近いレストラン。家庭的な欧風料理がリーズナブルに楽しめる。消費増税後も据え置き価格が泣ける。
奈良県吉野郡東吉野村大字鷲家一一一

海青子　そうそう。私たちにとって「何となく暮らしやすそうなエリア」だと感じたのが、東吉野だっただけで。

青木　ぼくらはそもそも「移住」って言っていなかった。あくまで「引越し」の感覚。でも外からは「移住」と言われていて、主観と客観のギャップがあったのが、ある意味おもしろかった。

　引越しと呼ばずに「移住」と呼ぶというのは、やっぱりそこに特別な意味があるから。特別な意味を与えているのは、「地方創生」を掲げる国をはじめとする行政側なのかもしれないし、「移住」に憧れている一般の人たちなのかもしれない。「自分だけの特別な生活」を手に入れる感覚で、移住という物語を欲している消費者的な人たちもいるし。でも、ぼくらや「オフィスキャンプ東吉野」の坂本大祐さんや菅野大門くん(2)も、そういう物語に乗って「移住」したわけじゃない。

　坂本さんやぼくの場合は体調の問題がきっかけで都市部での生活がしんどくなった。都市にいると家賃がかかるので、収入をある程度以下には落とせない。そういう経済的な問題も生きづらさにつながって、がんじがらめになっていた。それを解消する一つの方法として、地方への引越しがあった気がする。

　じゃあなぜ東吉野村だったのかというと、ぼくらにとってはやっぱり坂本さんや

(2) 菅野大門くんは、東吉野に移住した福島県出身のプロダクト・デザイナーでデザインレーベル「エーヨン」代表(https://www.designoffice4.com/)。オムラヂネームは大門のDを加えた「菅野D大門」。一緒にワイワイしながらルチャ・リブロ・ブックマーカーを制作しました。(青木)

菅野くんのような同世代の人がいたこと、そして地域の人たちの中に「あしびき」さんのような開かれた場所や人がいたことが大きかったのかな。ここなら引っ越せるな、と思ったから。奈良県南部には他にも村がいくつかあるけれど、選択肢には挙がらなかったよね。いくつものご縁が重なって東吉野村が出てきたし、それがごく普通の引越しの延長線上にあった。だからあまり大げさな「移住」とか「Iターン」ではないんだけど、そっちのほうがぼくは自然だと思っていて。

ご存知のとおり、ぼくはそもそも自然派志向でもなければ、アウトドア派でもない。虫だって特に好きなわけじゃない。なんとなくご縁があったからいる、という感覚。でもおかげで「裏切られた！」とかは全く思わない。

海青子　確かに「思っていたのと違う」といった失望感はあまりないですね。イメージを描く間もなくやってきた感じだったので。

青木　やっぱり期待があると失望もあるわけで。ぼくらは東吉野村の暮らしに期待していなかったぶん、川の脇に住んでちょっと元気になりました、ぐらいのところで満足できている（笑）。

「移住者」への特別な「まなざし」

海青子　ほんと、ちょっと元気になりましたね（笑）。最近よく取材を受けるけど、記者さんは「なぜ東吉野村なんですか？」「なぜ都会の生活じゃなくて田舎を選んだのですか？」と聞いてこられます。それを読者に説明するのがお仕事なのだとは思うんですが、こちらの移住の理由がすごく日常的だから、記事としては書きにくいだろうなあ、といつも思ってます（笑）。

青木　日常的じゃないほうがわかりやすい。

海青子　例えば「移住者を増やしたくて、民宿を始めた」とか言われれば、なるほどこの人はこの村に惹かれて、村を活気づけようと頑張っているんだな、という物語が描けるし、それはすごくわかりやすい。でも、すべてのことにわかりやすい理由が必ずあるかというと、決してそうじゃないんですよね。

「なぜここに住み続けようと思うんですか？」というのも、よくいただく質問ですが、なかなか答えづらい。それに、これは私たちが人口が激減している集落に住んでいるからされる質問なんじゃないでしょうか。東京の葛飾区に住んでいる人に同じ質問をするかと言ったら、きっとしないですよね（笑）。その意味でも、移住者を特別視する感覚が、確かにある気がするんです。

青木　いわゆる「移住」をした我々としては、そのまなざし自体がすでに賞味期限切れな気がする。逆に例えば、港区の人が「なんで足立区なんかに住んでるの」と聞いたら、失礼だしね。バカにしてんじゃねえぞって。

それってフーコー的に言えば、「まなざし」(3)。例えば東京と沖縄で考えると、東京の人は「沖縄も日本だよね」と言うけど、沖縄の人からしたら「これだけ米軍基地を押しつけられて不平等な状況に置かれて、同じ日本と思えるかよ」という感じでしょう。ぼく自身、首都圏に住んでいた期間が長くて、そういう権力の構図、「まなざし」に潜む権力性に無自覚だったところがある。テレビや新聞のニュースが全部自分事として受け取れる時点で、そうなんだよね。地方に住んでいたら、きっと「関係ないことやっているな」という感覚があったはず。

海青子　私は兵庫県に住んでいた頃、「さあ、今日はアメ横にやってまいりました」とかテレビでやっているのを見て、「別にそこのお店を紹介されても」と思ってました。

青木　今なぜ「これからはローカルの時代」と言われたり、移住者の物語が新聞で連載されるのか。それはただ「変わった人がいる」ということではなくて、やっぱ

(3) フランスの哲学者ミシェル・フーコーは、視るものと視られるものの間に権力構造が存在することを詳しく研究しました(『監獄の誕生』など)。ただぼくが直接的に「視る」ことの中に潜む権力性について学んだのは、E.D.サイードの『オリエンタリズム』がきっかけでした。(青木)

りこれまでの一極集中的な権力体制が賞味期限切れしていることが大きいと思う。経済成長が続いていた時代には一部の権力者が引っ張っていくやり方でやっていけたけど、経済成長が止まり、お金がなくなっていくこれからは、どんどん権力の構図が明らかになっていく。そういう中で、それぞれの村のルールや生活それ自体を記録していくことが必要になっていくし、文学もジャーナリズムもそういうふうにならないとおもしろくない。

海青子　現実と乖離してしまうよね。

青木　でもこういうことに気づくのは、世代もあるのかもしれない。ぼくらは三十代前半で、周りにも二十代〜四十代くらいの人が多いから関心や違和感をある程度共有できていると思うけど、その違和感が通じない人たちも確かにいる。

　自分の権力性に無自覚であることが、許されなくなってきている時代だよね。自分のまなざしにどれくらい権力が含まれているのかに無自覚だと、セクハラとかパワハラになりうる世の中ですから。誰もが権力の主体になりうる。だからぼくらも、「移住して夢を叶えました」みたいな物語にはしてほしくないというか、そこには違和感がある。

海青子　本当にそう。「移住して夢叶えました、よかったですー」というのじゃ何かのCMみたいになっちゃうし、それは私たちの実際とは違う。

「限界集落」と「自己責任」

海青子　さっき言ったような、移住者や田舎に住んでいる人に対しては課されるけど、都会の人にはそうじゃないものって結構たくさんありますよね。東吉野に来てから身近になった「限界集落」という言葉は、そういう問いをいくつも投げかけていると思います。

もちろん、〇〇年後村がなくなるかもしれないという現実は、皮膚感覚としてひしひしと感じます。でも、「じゃあ、なんであなたはそんなところに住んでいるんですか、それでも住み続けるんですか」と聞かれることには、やっぱり違和感を抱いてしまう。

青木　この集落で生活するには、道路の維持やゴミ回収などのインフラ整備にこれだけコストがかかって人口の割に合わないから、もっと大きな集落に統合したほうがいい、と迫られることにつながるからじゃないかな。実際、東吉野も過去に合併の話が出たことがあると聞いたことがある。でも、自分がこの地域で暮らすのにい

くらコストがかかるかなんて、多くの人は意識することはないし、意識するよう求められることもないよね。

もっとも典型的なのは、地域おこし。田舎に住んでいると、この村十年後どうするんだとか、維持するためにもっとこんな特産品を作るべきなんじゃないのとか、村の祭りを工夫しようとか、すごく考えさせられる。

都市にいれば、ショッピングモールで生活が完結させられるから、何も考える必要がないのかもしれない。でも商店街がシャッター街になっちゃったとなれば、盛り上げるために一致団結してみんなで考える必要が出てくる。それって、自分たちの生活のメインストリームを否定されているってことでしょう？　かつてアナログ放送から地上デジタル放送に変わるので、テレビを買い換えてください、というのがあったけど(4)、ああいうのってすごく理不尽！

海青子　なんでそんな無理矢理変えなきゃいけないんだ、みたいな？

青木　今まで普通に使っていたものについて、「いや、それ自分たちが用意したものなのでちょっと変わってもらいます、変われないんだったら自己責任ですよ」みたいな。その構図がすべてに当てはまっているような気がする。

コンパクトシティにしても、インフラを整備し、それがなくては生活できない状

(4) 二〇一一年七月、アナログ放送が終了し、(東北被災三県を除く)全国の地上テレビ放送はデジタル放送に完全移行。視聴にはデジタルチューナー搭載テレビなどが必要なため、地デジ対応テレビ商戦が激化した一方、ケーブルテレビ網を介してアナログ放送が見られる「デジアナ変換」措置は二〇一五年まで続いた。

態にしておいて、財政が厳しくなったらいきなり自己責任ですから、みたいな感じにするっていう。住民にすべからく届けるべきが公共サービス、という素朴な発想に立ち戻ってみれば、「あなたたちの集落はそろそろ限界だから、こっちに移ってください」なんていうのは、おかしいはずなのに。

海青子　おかしいですね。当人に住む意志がある限り、居住の自由は本来保障されるべき権利かと。「移住」にしても「食の安全」にしても、個人の精神性や家庭の問題であるかのように、内向きに捉えられすぎている感があります。もっと社会の側に保障を求めてよいものだと思うのだけど。

青木　だけど、それがおかしいと思われていない。「好きなことやりたかったら自己責任で」が普通になっている。

海青子　「居住の自由」はあるのにね。

青木　地方と都会の話題になると、なんかいろいろとおかしな話が出てくるなあ。「そろそろ行政サービスを維持するのも大変だから移ってコンパクトにすれば生活も便利になるよ」というのも、パッと見、確かにこういう時代だから、とすっと通り抜けてしまいそうになるけど、ちょっと立ち止まって考えると、待てよ、公共サービスの目的はそもそも……と疑問がわいてくる。

海青子　村に住んで地元の人と接していると、住み慣れた土地に暮らすことと、不便さやコストを天秤にかけるというのは、そもそも成り立たないってことが明らかにわかるんですけどね(5)。

青木　全部金の話で解決しようとしているのもおかしい。先祖伝来の土地であることとか全く考慮していないわけでしょう。やりたいという人に対して補助するというかつての感覚が、今は逆になってきている。

ジャーナリストだってそう。危険地域の取材に行って、殺されたら自己責任(6)、というのはおかしいわけで。普通の人が知ることのできない世界の真実を知らせてくれているんだから、国内でちまちまやる政局批判なんかより、よっぽど公共的な価値があるはずなのに、そこが全然共通の了解になっていない。日本に対して批判的な人には「反日だ、公共サービスを使うな」みたいなことを言う人もいて、公共＝日本国、みたいになっているけれど、それはやっぱり違う。本来の公共の意味ではない。

(5) 東吉野村には平日一日七本の路線バスに加え、予約制のコミュニティバスが運行中。それらを駆使し、一日かけて村から出かける村民をたびたび目にします。（青木）

(6) 二〇〇四年、日本人三人がイラクで武装勢力によって身柄を拘束された。小泉純一郎首相（当時）が武装グループの求めたイラクでの自衛隊撤退はないと明言すると、三人への「自己責任論」がメディアを中心に噴出し、流行語大賞にノミネートされるほどのバッシングの嵐に。二〇一八年、三年四ヶ月にわたりシリアで拘束されていたジャーナリスト・安田純平氏の身柄解放にあたっても、激しい自己責任論が巻き起こった。

数値に頼りすぎてはいないか

青木　全部が矮小化されている気がするね。「集落」と呼ばれている地域だって、日本という国民国家ができるはるか前からある。それを今の国民国家の枠で、しかも金の話で解決しようとするというのは失礼な話だし、ぼくらが東吉野村の共同墓地の管理(7)をするときに感じる土地へのリスペクトからは程遠い感じがする。

歴史を含めて考えるべきなんじゃないか、ということだよね。さっきの集落の維持コストの話だって、電気・水道・ガスといった物理的な経済コストしか考えていない。農村が都市との関係でどんな役割を果たしているのか。水源地や農作物生産地域としての役割、あるいは山林を管理することによって果たされる役割についても、勘定に入れるべきなんじゃないか。

海青子　経済的な維持と社会の維持が同義のようになっているけれど、そうは思えないな。長期的で鳥瞰的な視点がもっと必要な気がします。

青木　コストと言うんだったら、そこまで計算しろよ、と。

海青子　でもコストって、数字で示されるとものすごく説得力があるんですよね。「こちらのほうがよい選択なので、選択できなかったほうは残念だけど」となって

(7) 東吉野村全体というわけではありませんが、ぼくたちが暮らす地区には共同墓地があります。この地区に生まれ亡くなっていった方々と、倒幕運動の末に東吉野村で死んだ天誅組の若者の墓が同じ墓地内に祀られています。そういう意味で共同墓地なのです。(青木)

も、数字で比較されると、つい納得してしまう。

青木　でもそれだったら食料自給率を上げるとか、米軍基地を日本全土に配備するとかしたほうがよっぽどコストもリスクも下がると思うんですよ。結局、現状をなるべく変えずに自分たちの都合のよいようにするために数字を使って説得しているというだけだと思っちゃう。

海青子　そういうところはありますね、数字の怖さというかマジックが。

青木　ぼくらは今の都市での生活、つまり「数値化しやすい生活」に依存しすぎているし、それが当たり前と思いすぎている。限界集落の存在にまで想像力を働かせれば、コストに換算されていないいろいろなものが、実は人間にとってものすごく重要だったんだ、と気づくわけだけど。それにさえ気づかない状況になっているというのが問題だよね。

「それしかない」の呪縛を解きたい

青木　東吉野村に引っ越したことでの発見は多いけど、いちばんは都市の生活を相対化できるようになったことかな。都市での生活はワンオブゼムでしかない、と思えるようになったというか。

海青子　「街での当たり前は、こっちでは当たり前じゃなかった」(8) というのは、しょっちゅう感じます。

青木　「それしかない」と思わされている部分がいろんな場面で多いんだな、と。本当にそれしかないわけじゃなくて、思わされている。もはや特定の大企業がトップに立って日本社会を引っ張っていくという社会構造自体に問題があるんだけど、その枠内に収まるほうが管理しやすいし、一見合理的だから選択肢がないように思い込まされている。

海青子　それしか選択肢がないと思わされていると、行き詰まったときがつらいですよね。実際私たちも移住前は、ギリギリのところまで追い詰められていたしね。本当は別の選択肢もあって、そちらに行けばもう少し楽に生きられたのに。

青木　「ルチャ・リブロ」には、そういう生きづらさというか、現状に違和感を抱く人がたくさん来てくれている。今後は生活でも進路でも選択肢はたくさんあるんだ、と体験できるような場所に育てていきたいな。その意味でも、「場所」って重要だなとつくづく思う。この場所にぼくらが現に住んでいるという事実自体が大事なんじゃないかって。

(8) 最近では街の人との会話でつい「(近いの意で) 車で三十分でお茶しに行ける」とか「(多いの意で) 一日五人は来館者がいる」と口走ってしまい、「それは遠い」とか「それは少ない」と返されて初めて、すっかり「村感覚」に染まっている自分に気づいてハッとします。(海青子)

海青子　私たちの存在自体が、別の選択肢もあることを体現しているのかもね。村に来た理由はとても日常的だし、大それたことは考えていないけれど、自分たちにできるのはその一点かな、と思います。

青木　ほんとほんと。じゃあそろそろ「あしびき」さんのご飯、ゆっくり食べようか。

海青子　わたしはここのお弁当(9)が大好きです。唐揚げとか鮭とか、いろいろ入っていてうれしくなる。

青木　ぼくはやっぱりカツカレー(10)が好きですね、最高！

(9) このお弁当は、東吉野村を舞台にしたご飯漫画『14歳の里山レシピ：東吉野で、いただきます。』（元町夏央　ぶんか社コミックス）の主人公・辻村海青子ちゃんの大好物でもあります。（海青子）

(10)「あしびき」のカツカレーは、「ルチャ・リブロ」を訪れる人必食、キュレーターイチオシの逸品です。（海青子）

「ちょうどいい」を基準に

青木真兵

東吉野村に引っ越して丸二年が経ちました。夏は比較的涼しいのですが、冬は人生で経験したことがないほどの寒さに震えています。高いところからしたたり落ちる水は例外なくつららとなり、朝は水道が凍らないほうが珍しい、そんな毎日。埼玉県南部で育ったぼくにとって、こんな経験はもちろん初めて。でもすべてが新鮮！　だからハッピー！　というわけでもありません。正直不便だし、単純にむっちゃ寒い。でも「ちょうどいい」。

ぼくらは東吉野村へ「引っ越してきた」と思っていたのですが、雑誌などでは「移住者」にカテゴライズされます。なぜわざわざ移住なんて言葉を使うのかしら。最初は不思議でした。移住と引越し、何が違うんだろう。「地方創生」を掲げる国と地方自治体、広告代理店がタッグを組んで移住を推し進め、そのおこぼれを末端の者が享受している。「負の側面」に目を向けるといろんな話も聞こえてきますが、ここではもうちょい本質的な話をしたいと思います。

今年の初め、朝日新聞の奈良県版にぼくたちの記事が載りました（二〇一八年一月七日付朝刊「私設図書館を開設、青木さん夫婦」）。取材してくれた若い記者さんとのお話がとてもおもしろかった。記者さん曰く「移住者は話が長い」とのこと。多くの若者は明確な理由を持って村に越してきたわけではない。だから本人たちも「いきさつ」を語るほかない。そのために話が長くなってしまうとのことでした。

そもそも移住という言葉には、言葉も食べ物も植生も習慣も違う「外国へ移り住むこと」という意味が含まれています。ぼくたちの村への引越しを移住と呼ぶのは、現代において村という不便な場所にわざわざ移り住むことは、全く価値観の違う土地への移住と同一視されているからだ。ぼくはそんなふうに思っています。では現代の価値観とは何なのでしょうか。

二〇一八年は明治一五〇周年にあたる年でした。明治時代は日本の「近代」の幕開けであり、近代化とはすべてを「共通のもの」にしていくことでした。同じ言語、同じ習慣、同じ価値観を持っている人が日本国民であり、その意識を高めることで国を強くする。富国強兵です。このベクトルを経済に当てはめた結果、あらゆるものが「商品化」され始めたのです。イギリス近代史の研究者である川北稔氏は、近代化の大きなポイントの一つに「都市」を挙げ、以下のように述べています。

都市的な生活環境は、人びとの生活が「自給」から「購入」へと転換することを意味しています。このプロセスは「万物の商品化」（中略）ともよばれていますが、現在もなお、強烈に進行しつつあるプロセスです。農村で家族や地域共同体―具体的には教区でしょうか――がもっていたもの
やサービスの自給機能は、裏山で拾ってくる薪《たきぎ》から、子どもの衣服、保育や介護のサービスにいたるまで、あるいは出産から葬儀にいたるまで、すべて、家族や近隣で「自給」されるのではなく、「商品」として購入する必要が生じます。

（川北稔著『イギリス近代史講義』講談社現代新書、二〇一〇年、八十一頁）

それまで家族や近隣で「自給」されてきたものが、「購入」というプロセスを経て「商品化」されていく。これがあらゆるものを画一化する近代化の大きな特徴です。すべてを購入対象、商品と考えるということの考え方こそ、現代の価値観のベースにある。そして人が商品を選ぶときの一般的な基準は、他と比べて新し

いかどうか、違っているかどうか、です。

一方の「自給」は、必要なものを必要なだけ作ることを意味します。基準は「ちょうどいい」かどうか。それは家族の大きさや近隣の人口の多さ、そこが山なのか海なのか、土地の肥沃度合い、季節によっても違ってきます。極論を言うと、「ちょうどいい」かどうかは本人（ないし家族）にしかわからない。

移住者が周りから理解されないのも、語りだすと長い物語を持っているのも、自分にしかわからない「ちょうどいい」を基準に住む場所を決めたからだと思います。インターネットで一覧可能な商品を選ぶように、駅からの時間や築年数、間取りの広さといった比較可能なポイントを合算して、その一位に引っ越したわけではない。

ぼくはこれからの時代、購入できるものから選ぶのではなく、自分の「ちょうどいい」を求めて生きる「自給マインド」の重要性がますます高まると思っています。その萌芽は実は違和感にある。違和感から目を背けず、決して愚痴に逃げ込まない。違和感を他人と共有できる形にする。「人文系私設図書館ルチャ・リブロ」は、みなさんと一緒に「自給マインド」を涵養《かんよう》する場でありたいと願っています。

命からがら

青木海青子

「移住して夢を叶えた」

「自己実現した」

東吉野村に引っ越して図書館を開いたことを、こんなふうに形容していただくことがあります。また、街に住んでいた時分、引っ越し先として古い物件を探していたら、不動産屋さんが「ああ、レトロ趣味なんですね」と力強く頷いていたことも。

こういう表現に「なんか違う」という感覚だけはあったものの、それならどう説明すればしっくりくるのかが、しばらくはわかりませんでした。けれど最近になって、私たちが感じた切迫感が勘定に入っていない表現だから違和感があったのだ、と気づきました。

私たちにとっては、街で古い物件を探していたのも、村に引っ越したのも、

「自分たちが伸びやかに考えられる余白」を必死で求めたゆえの行動でした。理解しがたい状態をとりあえず理解するために、既存のラベルを急いで貼っておく、みたいなことをしなくてすむような、「意味のないもの」「役に立たないもの」があっても「よくわからないけど、おもしろい」と言えるような、そんな余白がほしかった。それは私たちが心身ともに死なずに生きていくために、必要なことだったのだと思います。

「夢」や「自己実現」、「趣味」という言葉は、確実に生存が保証された状態の人が、その先に望むもののような気がします。けれど私たちにとって村に住まうことは、自分たちの生を何とか生きていくための必要条件でした。自分たちの引越しを、あり合わせのラベルを使わず形容するとしたら、「命からがら、逃げ延びた」がふさわしいと思います。東吉野に引っ越して四年目に入った今、ようやく言葉にすることができました。

2

籠ること、開くこと

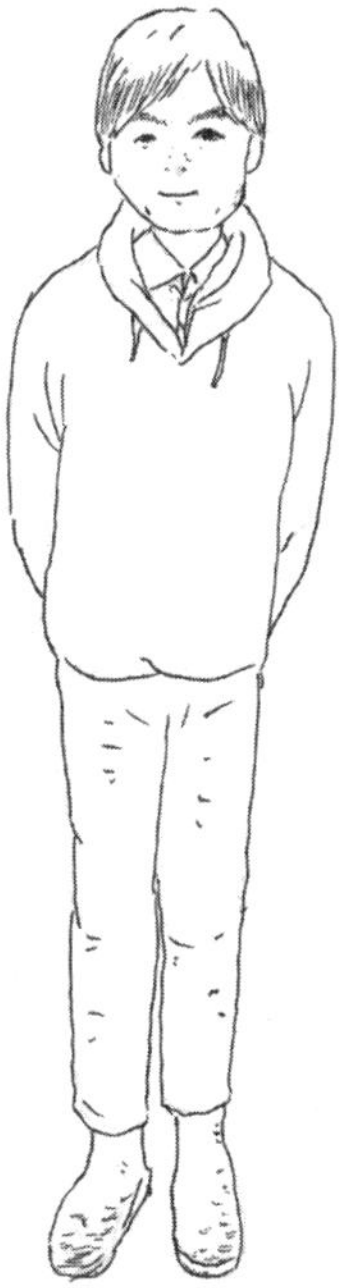

「マイ凱風館」を持つ
光嶋裕介×青木真兵

二〇一七年十月

光嶋裕介（こうしま・ゆうすけ）

建築家。一九七九年、アメリカ・ニュージャージー州生まれ。早稲田大学理工学部建築科で石山修武に師事。大学院修了後、ドイツ・ベルリンの建築事務所を経て光嶋裕介建築設計事務所を設立。二〇一〇年、思想家・内田樹氏の自宅兼合気道道場である「凱風館」を設計。著書に『みんなの家。建築家一年生の初仕事』（アルテスパブリッシング）、『これからの建築』（ミシマ社）、『建築という対話――僕はこうして家をつくる』（ちくまプリマー新書）、『ぼくらの家』（世界文化社）など。
https://www.ykas.jp/

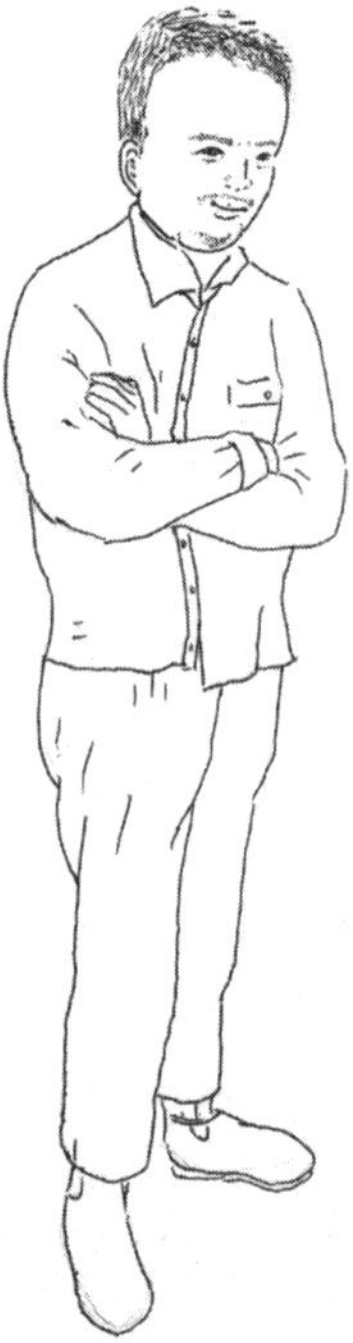

（この収録について）
この日の午後、神戸のジュンク堂書店三宮店でバッタリ出会った光嶋さんと、夕方のオムラヂ収録を約束。「凱風館」近くのカフェ・ニュートラルで収録しました。合気道の稽古前で、小一時間で切り上げるはずが、話し出すと止まらず二時間以上に。お稽古にはラスト三十分ほどの参加となってしまったのでした……。

青木　東吉野村には公立図書館がないんです。村で唯一の図書館が「ルチャ・リブロ」（笑）。先日一周年を迎えました。

光嶋　もう一周年ですか、おめでとうございます。思えばぼくも建築家として独立して九年が経ちました。二〇〇九年にご縁があって内田樹先生と出会い、翌年からご自宅兼道場を設計し、二〇一一年暮れに神戸に凱風館が竣工しました(1)。

これまでは五十代、六十代の方の引退後の家を設計することが多く、三十代の自分にとっては親世代ということもあって設計行為におけるシンパシーがやや薄かった部分もあるのですが、ここ数年、同世代の方からの依頼が増えて、ぐんと想像力の解像度が上がってきたように感じています。クライアントが年下だったりすると、ローンを組んでこんな立派な家を建てるなんてすごいな、と彼らのコミットメントに素直に感心するというか、リアリティをもって迫ってくるものがあります(2)。

そういう中で日々作業をするうちに、現代における住まい方についてもいろいろと考えるようになりました。真兵たちのように、本来はプライベート空間である住宅を開いていくというのは、すごく理想的な形だと感じています。住み開きをすることでしか築けない社会との関係性には関心がありますね。

(1) 凱風館という建築家としての初仕事完成の翌月には、内田先生に合気道入門しました。合気道を通して多くの学びをいただいており、二段の現在もお稽古を続けています。（光嶋）

(2) 尊敬する編集者であり、ミシマ社の代表である三島邦弘さんの家を古民家のリノベーションとして設計した《旅人庵》は、一つのターニングポイントでした。その後も、家族ぐるみで仲良くさせてもらっています。（光嶋）

「マイ凱風館」というモデル

青木 ぼくが図書館を始めるときにイメージしたのは、凱風館なんですよ。

光嶋 あっ、そうなんだ。

青木 とはいえぼくはお金をはじめいろんなものがないので、内田先生のように光嶋さんに設計を依頼することはできないから、家を借りて、そこに凱風館のような機能を備えた「マイ凱風館」(3)を持ちたい、と思っていました。ぼくにとっての「マイ凱風館」とは、一言でいうと「拠点」です。

きっかけはやはり3・11。東日本大震災に伴って起きた福島第一原発事故では、東京電力が膨大なお金を出して情報のリークを防いでいた。お金の力によって大事な情報が遮断されるとか、そのせいで人の命を守れない、という状況の理不尽さ、不確かさを強く感じました。そうしたものに揺らぐことのない確かな場所を「拠点」にしたい。そこで、自分の身の丈に合った住み開きを考えました。手持ちの本を中心に、できる範囲で開いていく。そういうことに反応してくれる人との出会いがこれからは重要になってくると思ったんです。

光嶋 「マイ凱風館」という言葉、今初めて聞きましたが、妙にしっくりきますね

(3)「マイ凱風館」は、敬愛するみうらじゅん師が考案した言葉「マイブーム」からいただきました。(青木)

(4)。

ぼくは同世代のクライアントが増える中で、自邸についても必然的に考えるようになりました。ぼくだったらどこにどんな家を建てるだろうと考えたとき、やっぱりぼくも凱風館のようなものがほしい、と思った。それはつまり「個別解」ということです。凱風館は内田先生が本を書かれる仕事場であり、もちろん生活の場であり、多くの人が集う道場でもある。内田先生による格別な個別性の上に成り立っている建物にも、ある種の普遍性が宿っていると思う。人の共同体を形成するような場所のあり方を自分でもいつかやってみたいんです。

それにはもちろん、中心にいる人、台風の目となる人物が重要であり、どこにあるかという場所も重要になってきます。凱風館を北海道に建てるということであれば、設計も変わっていただろうし、集まる人も全然違っていたでしょう。だとしたら、ぼくはどこにどんな建物を、誰と一緒に作りたいのか。自分なりの内田先生モデルを考えること、一つ高いレイヤー、メタの部分で「凱風館」を真似するというのは、誰もができることではありませんが、普遍的な価値観を個別に展開する大きな挑戦だと思っています。

青木　そうなんですよね。その人にしか当てはまらないような気がするんだけど、

(4) 真兵は「マイ凱風館」をはじめ、(後述の)「黒ジャコ」や「ルチャ・リブロ」、「土着人類学」など、実に不思議でうまいネーミングセンスを持っている。(光嶋)

突き詰めていくと、身体や地域のことでもある。いわゆるネイチャーというか、本質の部分での普遍性、向こう側のすべてのものに当てはまるところに到達するのではないかという実感が、内田先生の本を読んだり合気道をやっていくうちになんとなく得られた、というのが大きかったですね(5)。

まだ自分の活動をきちんと大勢に届くようには発信できていないのですが、このままやり続けていれば、納得のいく形で本質的な部分に到達できるような気がする。この道を歩いていけば、自分自身がよい風を感じられる場所に行ける。そんなにキョロキョロ周りを見なくても、焦って走ったり止まったりしなくても、一歩一歩歩いていけばいいなと思えるようになりました。

狙い撃ちできない出会い

光嶋　今の話を聞いていて、やっぱり友達っておもしろいなと思いました。真兵とぼくの関係(6)って、説明しづらいじゃないですか。

友達というと、少年時代から青春時代に、恋敵になったりやんちゃをしたりといろんなことを経験して、揺るがない友情の深みを共有している相手、というのもも

(5)ぼくは大学院での西洋史の勉強と内田ゼミの聴講を通し、「ローカル」を突き詰めると普遍的な本質に達するのではないかと考えるようになりました。合気道を稽古して身体を考えたり、一つの地域を徹底的に研究していたのも、「ローカル」探求の一環だったと思います。でも当時は、まさか自分が地方に拠点を持って、生活全体でローカルを突き詰めていくことになるとは思ってもみませんでした。(青木)

(6)ぼくらの関係って、確かに説明しづらいんです。二人でちゃんと腰を据えてしゃべったのはこのときが初めてかもしれません。ぼくは光嶋さんの活動を常に追いかけているし、一緒に「黒ジャコ」という勉強会もしていたので、同じ方向を向いているのはわかっていたけれど、直接的な接点がなかったという感じですね。(青木)

ちろんぼくは信じているけれど、ひょんなことで出会って、「あ、こいつなんだかおもしろそう」とか「自分と近い匂いがする」とか「好きかも」っていう説明不能な相手もいるじゃないですか。世界を旅していると、初対面なのに昔から知っているように懐かしく感じる人に出会うことがよくある。そして、そういう人たちとは、決してしょっちゅう会っていなくてもいいというか。真兵とのこの感じがまさにそう。今ちょっと話し始めただけでも、同じ感覚をしているのがわかるし、なんか真兵が語っているのか自分が語っているのかわからなくなる。

ぼく自身、建築家として「あそこをめざしたい」という大きな山が常にあります。常に悩みながらもその山を登っていたんだけど、仕事をしていくうちに、内田先生やその後の人たちとの出会いもあって、「ご縁」としか言いようのないところで背中を強く押されていると感じるようになった。それって今日のオムラヂが予測不能だったように、決して狙えるもんじゃないよね。

今日は本当に偶然三宮の街で会った(7)わけで。これがもし「来月三宮に行くので、オムラヂに出てくれませんか」と言われていたら、もちろんイエスと答えて実現しただろうけど、「うわ、真兵が来るからなんか準備しなきゃ」と構えていたと思うんですよ。でも今日たまたまの流れで出会ったというのは、これは狙い撃ちで

(7) この日、驚くべき偶然によってバッタリ出会った光嶋さんと青木さん。「元町商店街を歩いていたら、メキシコ輸入雑貨を扱う店の最前列にプロレスのお面が並んでいて『ルチャ・リブレ』と書いてあったんです。うわー、ルチャ・リブロってここから来ていたんだなと感動して真兵のことを思い出していたら、その数分後に入ったジュンク堂書店に真兵がいて(笑)」(光嶋)「ぼくもびっくりしましたよ。集中講義前の空き時間に『週刊プロレス』をチェックしようと入った書店で光嶋さんに会うなんて」(青木)

きない現実として、偶然と必然の両方があるじゃないですか。

初めて出会ったのは五年ぐらい前の勉強会だったよね(8)。君たちは内田先生の聴講生だったから、内田先生を本当に「先生」として囲んでいた。ぼくはそれがすごく羨ましかった。ああ、勉強っていうのはああいうふうにやるんだよな、と。ぼくは大学を出て建築家になったばかりで、どうすればあの「山」に到達できるのか全くわからなかったし、誰も答えを教えてくれなかった。そんなとき、君たちは内田先生と聴講生という関係で楽しそうな大学院生活を送っていた。受験のように最短距離で合理的に模範解答を求める「勉強」ではなく、好奇心の赴くままの「学び」が創発しているように見えて眩しかった。そんなことを、この数分間で思い出したな。

しょっちゅう会っていなくても本質的な何かを共有できる関係って、すごく大事だと思うんだよね。家族もそうでしょう? 年に数度しか会わなくても、家族は家族。彼があそこで頑張っているのなら、ぼくも頑張らなきゃ、と思える。逆に、もし自分が悪いことをしてニュースにでもなってしまったらあの人の顔に泥を塗ってしまうから絶対にできないとか。そういうふうに瞬時に思える人が少しずつ増えてきたし、狙い撃ちできない、自分の身体感覚だけを頼りにした偶然の出会いが今の

(8) 先述の「黒ジャコ」のこと。橋下徹大阪府政の教育改革に内田先生が反対なさっていたとき、ぼくも大いに共感していたのですが、ふと「これ、内田先生がいなくなったら誰が言うんだろう」と思ったんです。今のうちから勉強して、言うべきときにきちんと言える人間にならねばならない!と。それで凱風館の同期だった神吉直人さんに声をかけて、フットサルをしていたメンバーを中心に勉強会を始めました。(青木)

ぼくを確実に支えている。

敗者のまなざし

青木　いいですね。ぼくは今、社会福祉法人で障害者の就労支援をやっています。利用者は主に発達障害や精神障害の人たち。ぼくはもともと、できる人の力を引っ張り上げるよりは、できずに困っている人のエンパワーメントをしたいという教育観を持っていました。その社会福祉法人の方とお話しする中で、就労支援がぼくの思う教育に近いと感じたんです。今あるものをさらにブラッシュアップするというよりは、埋もれているものを掘り出して、光の当たるところに移し替えたりして、成長するまで見届ける。すごく時間のかかることですが、そういうことのほうが教育の本質には近いんじゃないかと思っているんです。

光嶋　あるものをブラッシュアップしていくというのはプランニングしやすいんですよ。彼は今ここまでできているから、これとこれをさらにクリアすればこうなるというふうに計画していくと、目標がより明確になる。でも見えないものを発掘するというのは見えないわけだから、計画するのはやっぱり難しいよね。

我々は今、答えがあることに慣れすぎていて、できる人をブラッシュアップしていかないとまずいという強迫観念みたいなものに苛《さいな》まれている。絶対に成長し続けなければならないというプレッシャー。でもちょっと距離を引いて見ると、見えていないだけで既にそこにあった学びの種を発見できるものです。

青木 そうなんですよ。ぼくはどうしても見えていないほうに目が行っちゃう。ぼくが研究しているフェニキア人にしても、歴史の敗者ですし。ブラッシュアップしていくという意味でいえば、やっぱりアーチ構造やコンクリートを生み出した古代ローマのほうを研究したほうが……。

光嶋 皇帝とともにあるスーパースターの歴史ですからね。

青木 ローマ帝国が滅びて中世になり、修道院やカテドラルなどが建てられる西ヨーロッパの歴史につながっていく。だからどう考えても、西洋史から現代社会を見るためには、古代ローマを勉強したほうが……。

光嶋 ブラッシュアップしたほうが山を登りやすい。

青木 そうそう。舗装された道を行けば最短距離で頂上まで登れる。でもそれって本当に山を登ったことになるのかな？　と。めんどくさい人間ですね（笑）。

光嶋 なるほどね、それはおもしろいなあ。

マイノリティのためのデザイン

光嶋　それで思い出したのが、ぼくの師匠である石山修武先生(9)の「マイノリティのためのデザイン」です。ぼくが大学三、四年生の頃だったかな、石山さんがその言葉を使い始めたのは。

今、ローマ建築の話がちょっと出ましたが、ギリシャからローマへとつながった西洋建築のひとつの先端が、近代建築、モダニズムです。モダニズムとは、基本的にはバウハウスやル・コルビュジエなどヨーロッパで生まれた建築様式で、日本語では「国際様式」とも呼ばれています。つまり、国境を越えていくんですよ。

一九二〇年代、蒸気機関車や飛行機を産んだ産業革命を経て、機械が時代を引っ張るようになった中で、なぜ建築だけがトントンカンカン人間が手を使っているのか、という問題意識に端を発しています。そしてコルビュジエが「住宅は住むための機械である」(10)という言葉を残した瞬間、建築から土が切り離され始めた。モダニズム建築のかっこよさは、建っている場所との関係性を断つことで、機械が自由に輸出されるように国境を越えて伝達される建築スタイルとなったのです。白く

(9) 石山修武（一九四四〜）建築家。早稲田大学理工学部名誉教授。代表作に「リアスアーク美術館」「ドラキュラの家」など。吉田五十八賞、日本建築学会賞作品賞、ベネツィア・ビエンナーレ金獅子賞など受賞多数。著書に『生きのびるための建築』（NTT出版）、『セルフビルドの世界　家やまちは自分で作る』（ちくま文庫）など。

(10) ル・コルビュジエが一九二三年の著作、『建築をめざして』の中で述べた言葉。

て軽やかな建築は、ガウディがバルセロナやカタルーニャへの愛を建築に表すこと（11）とは真逆の方向を見る概念で、大地から切り離されたからこそ全世界に国際的な普及を成し遂げた。建築の役割が、白くて四角い機能的な合理主義、というインターナショナルでグローバルな定義になっていったんです。

でも、ちょっと待てよ、と。モダニズムやグローバリズムのベースには一体誰がいるのか。モダニズム建築で「想定」されている標準的な人間とは誰なのか？　それは、西洋人男性なんですよ。しかも五体満足で、健康的な男性です。建築空間にある棚や椅子も、全部身長一八〇センチの健康な西洋人の男性をベースにして作られている。それが爆発的にヒットしたために、世界中にモダニズム建築があふれかえることになったんです。けれども、そんなヨーロッパの中心で始まったモダニズム建築は、辺境の地であるポルトガルとフィンランドに到達する頃には少し変形していきます。批判的地域主義と言われるようになり、切り離された大地との関係を回復して「大地と調和するモダニズム」という考え方が新たに展開されていく。

そこで現代の建築家・石山さんは考えたんですよ。「あれ、俺たちがやっているモダニズム建築って、ベースが違うんじゃねえか？」と。いろんなものがそぎ落とされてしまっている。その最たるものが土、つまり地球との関係ではないか。香川

（11）ガウディはカタルーニャの文化を結晶化させるべく、自然をお手本にして、その場所の素材（石）でその場所のために土着的に建築をつくった偉大な建築家である。（光嶋）

県で設計するのなら、香川の大地と地層を考慮して設計すべきなのに、モダニズムの箱をぽんと置いて「わーい」と喜んでいるのは、すごく狭い話なのではないか。そこで出てきたのが「マイノリティのためのデザイン」だったというわけです。

モダニズムの背骨がマジョリティであるのに対して、マイノリティから思考する。デザインとは本来、個別性が高いもののはず。人間は一人ひとり違うし、同じ場所などどこにも存在しないわけですから。

石山さんは秋葉原の街の研究(12)もしているのですが、少し前の秋葉原は、電気街でした。秋葉原に通っていた人たちはコンピュータという絶対的な存在を数十万円出して買うのではなく、自分で作っちゃうような人たちだった。彼らはマイノリティかもしれないけれど、むしろ彼らこそが健全なのだ、と。住宅だって、本来は建主が自分で建てるべきなのではないか。そこから極端に行けば、セルフビルドみたいなことになるのですが。

石山研のぼくの一つ上の先輩・坂口恭平さん(13)が唱えた〇円ハウスも、その系譜を追求した考え方ですよね。ホームレスと呼ばれて社会から排除されている人たちの中にこそ、住まうことの本質が隠れているんじゃないか。彼は今「建てない建築家」として、なぜ十何万円もの家賃を払って日々暮らしているのか、という問題

(12) 石山さんは『「秋葉原」感覚で住宅を考える』(晶文社)という著作の中で、ブラックボックス化してしまっている家づくりのあり方を批判し、秋葉原に通う人々が自らのコンピューターを自作するように、家づくりもすべきだと提唱。のちに研究室の森川嘉一郎さんは、都市に通う人々の特性から秋葉原という都市の変遷を明らかにした『趣都の誕生』(幻冬舎)をまとめました。(光嶋)

(13) 坂口恭平(一九七八〜)建築家、作家、画家、音楽家。早稲田大学理工学部建築学科卒。著書に『0円ハウス』(河出文庫)、『独立国家のつくりかた』(講談社現代新書)、『徘徊タクシー』(新潮文庫)など。

提起をしています。

「彼岸の図書館」から見えるもの

青木　ぼくらの「ルチャ・リブロ」も、その意味で土と切っても切れない関係にあります。「ルチャ・リブロ」に来る人は、まず橋を渡らなきゃいけないんですよ。渡った先には杉並木があって、それを越えた先にうちがある。この「橋を渡る」というのがすごく象徴的だと思っていて。彼岸と此岸、こっちの世界と向こうの世界を川が分けているんです。図書館があるのは向こうの世界、彼岸です。「ルチャ・リブロ」は、現代の価値観が通用しない、違う価値観が働きうる場所、「彼岸の図書館」というコンセプトなんです。

現代の価値観とは、資本主義やモダニズムに象徴されるような考え方です。土に根ざした生活って個別的すぎて数値化ができないし、効率が悪い。だから効率化を進めれば進めるほど、土からは離れていく。それが進歩と調和の一九七〇年代まではとてもよいこととされていた。でもその結果、公害や自然環境破壊がどんどん進んでいった。

光嶋　そしてそれにはいつも蓋がされてきましたからね。社会から見えないように、巧妙に隠されている。都合のいいところしかメディアに出ないという危うさ。

青木　でもまあそういうもんだったわけですよね、戦後の価値観が。一方で、それに異を唱えていたのがヒッピーのような人たちだった。でもヒッピーには、継続性がなかった。だからぼくらがやっているのは、一九七〇年代の裏側というか、ヒッピーの人たちがやっていたようなことを継続することなのかなと思っていて(14)。

光嶋　なるほど、よく考えてみると、七〇年代からもう少しで半世紀が経つわけだよね。その時間軸を考えると、果たしてヒッピーには継続力がなかったのか、それとも中央との緊張関係が崩れて、どんどんサブカルが強くなるというか中央が消失していったために継続できなくなったのか、という歴史的分析もできるのかもしれない。いずれにしても、その本質が何だったのか、現代においてどこがどのように継承可能かというのは、検証に値するビッグなテーマだよね。

青木　そうなんですよ。ぼくはフェニキア人を研究する中で、ローマは舗装されているけど、フェニキアは「けもの道」というのが、すべてのマジョリティVSマイノリティの議論に当てはまると思っていて。マジョリティがしっかりしていれば、マイノリティやオルタナティブはカウンターカルチャーとしていくら出してもいい

(14) このような想いには、『Get Back,SUB!』(北沢夏音著、本の雑誌社)との出会いが大きく影響しています。六〇年代の「カウンター・カルチュア」の存在は、資本主義的世界とは異なるもう一つの世界の可能性を感じさせてくれるものでした。(青木)

んですよ。

光嶋　カウンターする相手がいるからね。

青木　そう。でも今はメインがすごく貧弱だと思うんです。ぼくらは「彼岸の図書館」から此岸を見たときに、此岸の貧弱さに気づきました。フェニキア人というマイノリティを研究することによって、メインストリームがいかにして作られたのかに気づく。そういうのはあると思いますね。

光嶋　今の話って、当然だけど、東吉野に行く前はわからなかったわけでしょう？　その行動力がすごいと思うんだよね(15)。

　建築物の構造には大きく、下から上へと重力に従って積んでいく「組積造《そせきぞう》」と柱と梁で骨格を作って肉付けをしていく「柱・梁構造」の二種類があって、この両者は圧倒的に作り方が違うんです。大きな組積造は一夜にしてできたりはしないし、ズルができません。急いで積めば脆《もろ》い壁になってしまう。

「ルチャ・リブロ」の成り立ちは、なんだか組積造的だなと思いました。敷地の前に川が流れているというのは、すごく個別的な特徴ですよね？　その大地にコミットすることによって発見した川であり、川があることで発見したコンセプトです。図書館自思考の痕跡がちゃんと行動の根拠となっていくところに強度があります。

(15) ハンナ・アーレントは『人間の条件』の中で「労働(labor)」「仕事(work)」「活動(action)」の三つを人間の条件としていて、真兵の東吉野村への移住という行動力は、まさに「活動」だったと思ってリスペクトしている。(光嶋)

体のあり方が、そうして下から少しずつ積み上げることで肉付けされていったものですよね。一方、モダニズムの場合、自分が積んでいる石が何の上に載っているのかを考えずに積んじゃっているんじゃないかな。

すべては生身の人間から始まる

光嶋　というか、モダニズムは、柱・梁構造的であって、柱の強度さえ強く太く作ったら、高層ビルのように無限に階を重ねることができると盲信してしまう危うさがある。だから二十世紀は、上へ上へとひたすら伸びていった。でも、無限成長など幻想であり、現代においてあり得ない。

もちろん、モダニズムを全否定しているわけではありません。でもぼくはやっぱりモダニズムを超えたいと思っている(16)。そのときに重要になってくるのが、忘れられた場所性と切り落とされてしまったクライアントの個別性だと思っています。建築においては、そこがあまり積極的に語られないんですよ。おかしいよね。内田先生なしに凱風館を語ることは、ぼくにはできない。でも、これまでの建築家にしろ歴史に残る建築物にしろ、語られるストーリーがすごく舗装されていてドライ。

(16) モダニズムを超えたいと言うよりは、モダニズムの先にあるものを丁寧に追求したいと思っています。(光嶋)

一つの建築物ができる過程にはもっとヒューマンな部分がたくさんあるはずで、そこを語るべきだと思うのですが。そういうものをポエムだといって排除し、「建築はかくあるべし」というメインストリームの理論だけが語られがちなところに、モダニズムの脆弱さがあるのではないか。ぼくはもっとその場所、その人、その時代ならではのもの、つまり個別性をちゃんと追求したい。人を語らずして建築を語ることはできないと思っているんです。

青木　ぼくが「ルチャ・リブロ」を人文系私設図書館と名づけたのも、全く同じ理由からです。人文学はお金にならない、実学でないというので、国立大学でも学部からどんどん切られています。本当に役に立たないのか、そもそも人文学って何なのか。すごく精緻な研究もありますが、それらは何のために研究されているのか。そういった根本が抜け落ちている気がしています。

人文知の成り立ちに立ち戻ると、やっぱり土に根づいて生活した人間が抱いた問いから発信すべきじゃないか、と。それこそがストーリー、ナラティブになりうるんじゃないか。今一度、近代における人文知のあり方を振り返りたい。

何かを批判したりカウンターなことばかりやっていても、埒《らち》があかない。これからはメインをしっかり作り上げていく時代になっていくんじゃないでしょうか。

もっと丁寧に、組積を一つずつ積み上げていくということが、我々の世代には任されているような気がしています。

光嶋　そうですね。ぼくはここ二、三年、特に講演会などでは「生命力のある建築」というテーマを掲げることにしています。合気道が「生命力を高める」武道であると知ってから、ぼくなりに身体と空間をつなげるために考えたテーマなんです。

身体が生命力を高めるためには、全宇宙から力をいただく必要があります。つまり身体がエネルギーを受け取って、発する「媒体」となる必要があり、それは属している環境、空間と相互に影響されるという仮説です。どんな名画でも、粗悪で汚れたプレハブの壁に額なしで無骨に掛かっていれば気持ちよく鑑賞することはできないもの。逆に、どうしようもない駄作でも、立派に額装して美術館の白い壁に飾れば突如いい絵に見えてくる効果もある。建築家として、どうすれば生命力の高まる空間を作ることができるのかを考えたいのです。しかし生命力の高さは残念ながら、「この建物は生命力175です」とかって数値化することはできないし、人によって感じ方が違うので、大小強弱を比較考量もできない。ペンキを塗った壁か土壁、イミテーションの石か本物の自然石、使う素材によっても空間が内包する生命力は違うと思うんです。

囲まれる環境が人間の身体感覚と響き合って、生命力が高まったり吸収されてしまったりするとしたら、「あなた」にとって生命力の高い建築とはどんなものなのか。それをぼくは日々理論的に考えつつ、建物設計への実践方法を追求している。その理論と実践のバランスを追求する姿勢として、先に述べたマイノリティの個の物語を手がかりにしていけばモダニズムを超えるものにたどり着けるんじゃないか。今、そこにある種の手応えを感じながら、一歩ずつ進んでいるところです。

変に楽観するわけでも現代を悲観するわけでもなく、ただ淡々と進むというのがポイントなんだよね。数年前までは、自分がこうなりたいとか、あるいはこうしたいなど物事を打算的に考えていた傾向があったけど、そういうのは本質的ではないと思うに至りました。自分がどういう山を登っていくかというのは、実際には完全には計画ができないものなんだ、と最近気づいたから。

最初に話したように、いろいろな人とのご縁によってぼくは今こうして生きているし、人生はそもそもコントロールできないことだらけ。その予測不能な偶然性も含めて、しっかりと受け止めたい(17)。排他的にならずに雑多なものを優しく統合する。だって最も愛する身近な存在である娘の成長自体が圧倒的にアンコントローラブルなんだからね(18)。それはきっと大地も同じですよね。大地とはコミュニ

(17) 学生時代に歯が立たなくて挫折した九鬼周造の『偶然性の問題』(岩波文庫)を最近になって再読したら、驚くほど九鬼の言葉が身にしみてきて、これは、もしかしたら合気道をするようになったからかもしれないと思うようになりました。エビデンスを示すのは難しいですが、こういうことが多くあるから不思議なのです。(光嶋)

(18)「子育て」ほど予測不能なものはない。それは、交換原理ではなく、無償の愛という贈与にコミットすることで人間としての成熟を深める行為なのかもしれない。(光嶋)

ケートすることができないから、こちらから努力して同化しようとするし、大きな学びの可能性に開かれているんじゃないかな。耕すことで文化が生まれるようにね。

土着の合理性に耳をすます

青木　東吉野に越してひとつわかったのは、みんなコントロールしようとしすぎってことですね。春夏秋冬、気温も湿度も出てくる虫も咲く花も違う。自分の生命力が比較的高いように感じる季節もあれば、そうじゃない季節が一年の中に混在している。東吉野では、そういうことが身体実感としてわかるんです。

光嶋　なるほど。ムラがあっていいんだもんね。

青木　同じ日本といえども、地域によって風土も違いますしね。だからその土地に育った木材を使って建てた家は、環境にアジャストできる。ヴァナキュラー建築のよさというのは、自然環境の中で勝ち取ってきた生命力をすでに備えているということじゃないかと思います。モダニズム建築は、それを完全に切ってしまっている。アメリカ大陸のプエブロ・インディアンの大地がたとえ荒涼としたものであっても、彼らの生活が根づいている限り、土着の合理性はある。

光嶋　司馬遼太郎が文明と文化の違いを、文明はモダニズムのように国境を越えていくけれども、文化はその場所場所で発酵されるものである、と言っていたよね(19)。携帯電話の便利さという文明は、ドイツであろうが日本であろうが通用するけれど、その土地ならではの文化では決してそうはいかない。例えば、ギリシャの文化を突然沖縄に持ってきてもうまくいかないでしょう。そういう見えない関係性を見つけるのがおもしろいのに、マジョリティだからとか、合理的だという説明可能な文明的な理由で普及させられたものに、我々は無自覚でありすぎるんじゃないか。ふと足元を見てみたら、謎めいているけれどもっと文化的で、豊かで立派なものがあるやん、という思いがあって。

型を破るには、逆に徹底的に型を追求しないといけないはず。だからモダニズムについても、もっと勉強したいんだよね。とくに辺境で変形していったモダニズムに関心がある。日本には中国やアメリカの辺境であり続けている(20)という文化的土壌があるけれど、似たものをヨーロッパにおけるポルトガルやフィンランドに感じる。そういう中央から離れた辺境においてモダニズムがどう変形してきたのかということと、その土地ならではのヴァナキュラーな部分、その両方を論理的かつ実践的に考えていけば、あの山が登り続けられるんじゃないか、と。

(19) 司馬遼太郎著『アメリカ素描』新潮文庫、一九八九年。「文明は『たれもが参加できる普遍的なもの・合理的なもの・機能的なもの』をさすのに対し、文化はむしろ不合理的なものであり、特定の集団（たとえば民族）においてのみ通用する特殊なもので、他に及ぼしがたい」（十八頁）

(20) 内田先生の『日本辺境論』を読んで以来、日本人の辺境性について考えるようになった。（光嶋）

辺境から見える風景というものがあるはずなんだよね。川があることによって「ルチャ・リブロ」のあり方がより明確に見えたように、生身の経験が理論を肉付けしてより強化させることってあると思う。実際にシティボーイ、シティガールだった君たちが、こうして田舎へと行動を移している。土と生活する。そのことを応援するためには、やっぱりぼく自身もシュート(21)を打ち続けていなきゃね。

こうしてたまに会えば、やっぱり変わっていないと思える仲間がいることが、ぼくが頑張れる原動力にもなっている。それは繰り返しになるけど、やっぱり打算的にできることではない。ぼく自身が頑張り続けることで応援する、つまりは同じ「山」を違う場所から登るような相乗効果を信じている。予期せぬことはたくさん起きるし、それこそが人生を豊かにするから。

目の前の石を積み続けること

青木　いつか熊野詣をしたときだったか、「俺たちの世代がシュートを打つんだ」と言って盛り上がりました(22)。熊野という場の力もあったと思いますが。

光嶋　あの場所のスピリチュアルな力はそれこそアンタッチャブルでしょう? 今

(21) 左で真兵が詳しく注釈していますが、シュートはまさにアーレントの「活動」と同義です。(光嶋)

(22) フットサル仲間で作った研究会「黒ジャコ」のテーマは「シュートを打つ」ということでした。内田樹先生、釈徹宗先生の聖地巡礼企画でみんなで熊野に行き、旅館でサッカー日本代表の試合を観ていたときのことです。試合が拮抗する中、フォワードではない選手が遠くから思い切りシュートを打って、決めたんです。ぼくらにとって、あのシュートは衝撃でした。得点を決める役割ではない人も場合によっては点を取りに行くべきなんだ、と。頭でっかちな打算的行動より、身体的次元での主体性の発露。そこをめざそうという気持ちが盛り上がったんですよね。(青木)

おそらく真兵も神様を感じているであろう、と想像するしかない。非数値的なものへのイマジネーションからしか本当のクリエーションは生まれないと思う。言語的なことを追求するためには、非言語への扉を開けないといけない。超越的なものを信じる力が必要です。けれども、それをやるにもやっぱり時間がかかるし、きっちり計画立ててどうこうできることでもないから、目の前にあるものをしっかりと組積していくことをやっていくしかないよね。

青木　でも光嶋さんは本も書けば絵も描いていて、本業の建築ももちろんやっている。シュートを打ちまくっていてすごいですよね。

光嶋　もしかしたらシュートじゃなくてパスなのかもしれない。球をスルーしない、来た球をちゃんと回していくということが正解なのかも。

青木　それは人それぞれでしょうね。光嶋さんがどっかの時点でおしゃれメガネをかけるのをやめたように（笑）(23)。

光嶋　バティストゥータ(24)のようなシュートを見せたい、それがぼくにとってのメガネだったのかもしれない。コルビュジエみたいなメガネをかけることによって「あ、あの人は建築家なのね、ちょっと小洒落ているわね」というクリシェに頼っていた。でもそれがすごくバカげていることに、最近やっと気がついて。

(23)『建築という対話』「伊達眼鏡を外す」（一三五―一三六頁）を参照。

(24) バティーの愛称で知られるアルゼンチンの至宝、ガブリエル・バティストゥータ。W杯でも活躍したサッカー界屈指の点取り屋。ぼくはサッカーにおいて美しいボレーシュートより、泥臭く貪欲にゴールネットを揺らす彼のようなフォワードが大好きなんです。（光嶋）

青木　口だけ、格好だけの人っていますよね。でも光嶋さんは着々と家は建て続け、本も書き続け、絵も描き続けている。それがすごい。

光嶋　大学の講義で、学生時代のスケッチとか見せるわけですよ。「これ大学二年生でスペイン行ったときの絵だよ」とか言うと、みんな「えー」となって、終わってから学生から「私スケッチが下手なんですけど、どうすればいいですか」と聞かれることがある。そういうとき必ず「いや、俺はいまでもスケッチしているからね。学生時代からずっと継続しているんだよ」と言うんです。「だから、あなたは自分で自分の絵が下手だとか、安直な判断を下さないで、とにかく手を動かせ、アクションに移せ」と。みんな本当にそうなの。「私、本を読むのが苦手で」というのも、「お前、読んでいないだけだろう。頑張って読む努力してみろよ、まだ読んでもいないのに諦めるな」と言いたい(25)。ぼくのスケッチがうまいか下手かは人の判断に委ねるけど、自分ではうまいと思って二十年以上描き続けているから、その結果が画面に出ているだけであって。もっとうまくなりたい、描きたい、とやり続けることが少しずつ自信につながっていく。

青木　いや、でもね、学生の肩を持つわけではないけど、それはやっぱり才能ですよ。自分が続けられることを見つけて、それが光嶋さんの場合は評価されている。

(25) 養老孟司先生のベストセラー『バカの壁』(新潮新書)にもあるように、壁を作ってしまっているのはだいたい自分。だから、そうした壁を取っ払っていろいろなことに挑戦し、徹底的に追求することでスケッチだって何だってもっと好きになるし、どんどんうまくなるんです。(光嶋)

才能があったからこそ、続けられるモチベーションというかガソリンが得られる。

光嶋　確かに、ガソリンはすごくいっぱいもらってるね。

青木　そうでしょう？　ぼくなんて続けているものといえば、オムラヂ(26)ぐらいですから。オムラヂにはガソリンがない(笑)。かと言ってガス欠も起きないから、ひょっとしたらガソリンで動いていないかも、この車(笑)。

光嶋　有り体な言い方になってしまうけど、やっぱり「継続は力なり」を今こそ実感しています。建築は依頼されないとできないけど、絵を描くことや文章を書くことは一人でできるわけだから、やり続けるってことがすごくたいせつだと信じて、シュートを打ち続けたいです。それこそが地道に組積することだよね。

青木　依頼されなくても、お金が儲からなくても、やり続けられることを見つけられたら、強いですよね。

(26)「オムラヂ」の第一回配信は二〇一四年二月十二日。以来、毎週水曜日朝七時に欠かさず配信されている。

職業・奪衣婆

青木海青子

「人文系私設図書館ルチャ・リブロ」は、小さな古い橋を渡って、杉林を抜けたところにあります。川の向こう側の図書館ということで、「彼岸の図書館」を名乗っています。この「彼岸」にはもう一つ、「現世の社会や常識から、少し離れた場所」という意味合いも込めています。

ルチャ・リブロの利用にあたっては細々とした規則があります。けれど、そういう規則は「今、ここは図書館ですよ」というギミックを彩るための小道具に過ぎないのかもしれません。

ここでやってみてほしいのは、実はただ一つ、「現世（普段の暮らし）での立場、価値観、常識という鎧《よろい》をいったん脱いで、立ち止まってみる」ことです。橋を渡って林を抜ける間に仕事のことを忘れたり、本を開き、琴線に触れる言葉を見つけてふわりと心が軽くなったり。この場所は鎧を脱ぐことに向いている気がします。

　私も司書を名乗ってはいますが、以前の勤め司書だった頃とは全然違うやり方をしています。私蔵の本をほぼ全面開架で公開しているので、私自身が鎧を脱いで、無防備かつ割と貧相な状態で座っています。本以外のことも、お客さんとたくさんたくさん話しますし、こちらの話を聞いてもらうこともあります。

　たまに帷子《かたびら》を着込んだまま「この鎧、かっこいいでしょ。前に被ってた兜《かぶと》もかなり有名なやつでね……」と言いつのる方を見ると、「重くないかな？　蒸れないかな？」とハラハラしてしまいます。山崎ナオコーラさんが「こっちはパンツ脱いでんのに、そっちは全員、服きてるじゃん、という気分になる」（『理論と感性は相反しない』講談社、二〇〇八年、一四八頁）と書いていたけれど、それに近い心持ちなのでしょうか。不平等感とも違う「サウナで座っていたら、甲冑武者がおもむろに扉を開けて入ってきた」みたいなシュールさというべきか。鎧の話もすてきですが、中身の話はきっともっとすてきなんじゃないかと思うのです。

　もしかしたら今の私の仕事は、「ルチャ・リブロ司書」より「ルチャ・リブロ奪衣婆《だつえば》」が適切かもしれません。「その鎧は彼岸への橋を渡るには重過ぎじゃ、イヒヒヒヒ」みたいな。大丈夫、此岸では戦をしていても、ここは休戦地帯です。

誰も斬りかかってこないから、安心して鎧に風を通してくださいね。

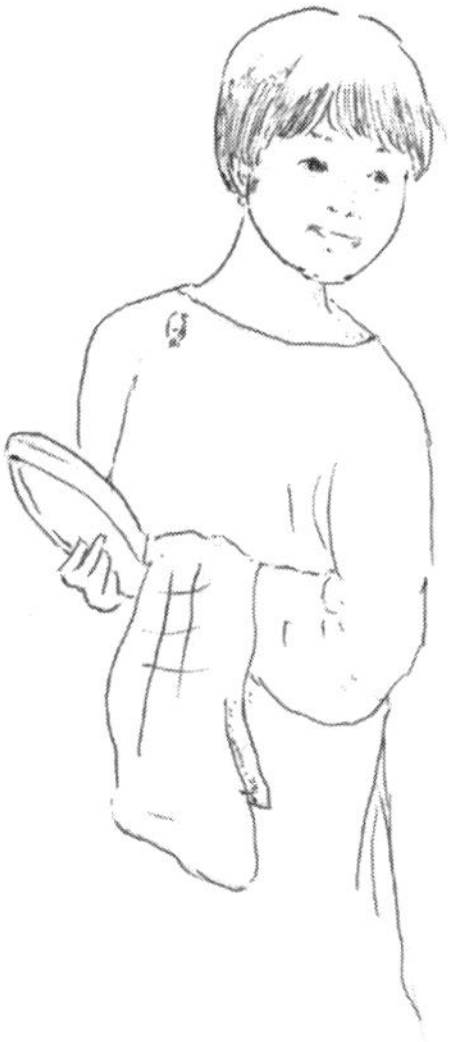

とりあえず、十年先の地方

内田樹×青木真兵

二〇一七年七月

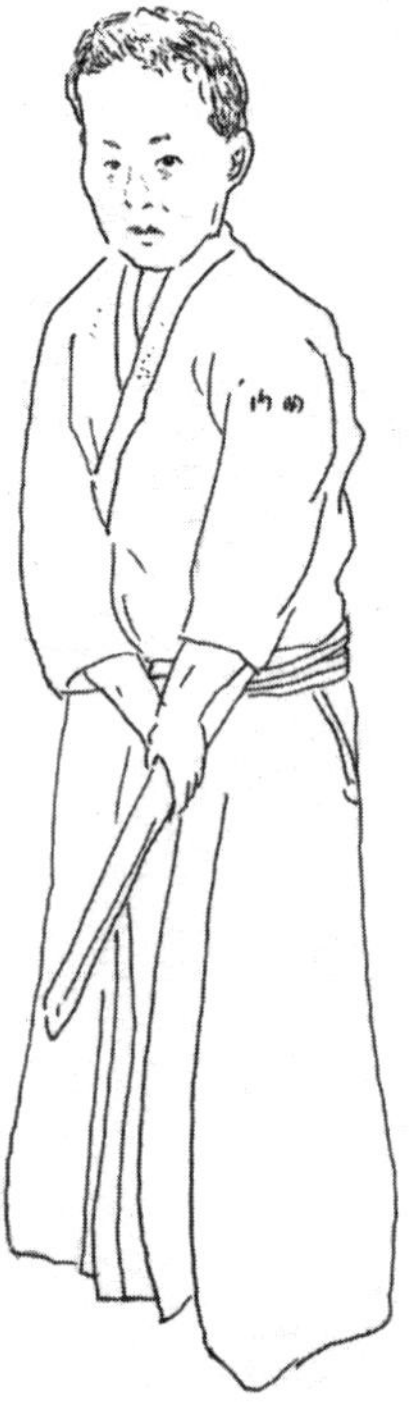

(この収録について)

この日、内田樹先生が初めて「人文系私設図書館ルチャ・リブロ」にご来館。近所の「レストランあしびき」でカツカレーを食べた後、「土着人類学研究会」を開催しました。館内いっぱいに参加者が集まってくれて、開館一周年にふさわしい会となりました。

霊的センターがないとダメなんだよ

青木　本日はオムライスラヂオ公開収録兼、「人文系私設図書館ルチャ・リブロ」開館一周年記念の講演会。ゲストはオムラヂ準レギュラー、オムラヂファミリーの長老、内田樹先生です。

内田　こんにちは、よろしくお願いします。

青木　よろしくお願いします。今日は「十年後の地方」というテーマでやっていきたいと思いますが、まず考えたいのは「十年後の日本」です。

ぼくらはずっと神戸や西宮といった関西圏の中心に住んでいました。引っ越した東吉野村は、もう紛うことなき地方です。先生には今回初めて東吉野村に来ていただき、先ほど「あしびき」さんでカツカレーをご賞味いただきました。いきなりですが、いかがでしょう、東吉野村は。

内田　まだよく見てないんだけども、とにかくすごいのは君んちの庭に聖地があるっていうことだよね（笑）。マイ橋《ブリッジ》に、マイ墓《トゥーム》。これはすごいですよ。

ご存知ないと思いますけれど、青木くんは凱風館の巡礼部の部長なんですよ(1)。いずれ各地の聖地を歩いて、最終的にはサンティアゴ・デ・コンポステーラに詣る

(1)「巡礼部」とは、内田先生が神戸女学院大学教授時代、大学院ゼミの聴講生たちと始めた活動で、当時は野町和嘉さんの写真集『聖地巡礼』（クレヴィス）を眺めたり、夙川にある須賀敦子さんの墓詣りをしたりしていました。ぼくらが土地の持つ霊性（ゲニウス・ロキ）に関心を示し始めた背景にも、3・11があったように思います。（青木）

という遠大な計画を抱えた部活です。さすがに巡礼部長だけあって、庭に聖地があるという。これは青木くんたちが管理しているの？

青木　公共の広場なので、掃除は区長さんがしてくださっているんですけれど。

内田　でも、橋のこっち側は君の管轄でしょう？　やはり聖地の横に住むという選択が君の好奇心とやる気を激しくかき立てたんじゃないかな。このスポットはおそらくこの集落の霊的センターだから。やっぱりね、共同体が存立するためには霊的センターがないとダメなんだよ。

青木　それはなぜ、どういうふうにダメなんでしょうか。

内田　合理的な計算だけでは、地方移住にもやっぱり無理があるんだと思う。生活のクオリティを向上するとか生計を立てるというだけではインセンティヴとしては足りない。今の都市生活に最も欠けているのは、「超越的なもの」とのつながりなんだ。都市の空間は徹底的に世俗的な空間だから、「超越的なもの」や土着的な宗教性は、ほぼ完全に排除されている。

そこから抜け出そうとする人たちに共通しているのは、やはり「霊的なものと触れ合いたい」という願望じゃないかと思う。空一杯の星や抜けるような青空が見たいとか、原生林の空気を吸いたいとか、そういう気持ちを駆動しているのは、人間を超えた、人智の及ばないものに触れたいということなんだよ。人間が生きるためにはそういうものとの接触が絶対に必要なんだ。そういう直感に導かれて、人々は地方に移住しているんだとぼくは思うよ。

ぼくが定点観測している山形県鶴岡市の場合、中心にあるのは羽黒山。羽黒山伏による修験道の実践が、地方移住する人たちにとってのある種の「義務」になっているんだよね（笑）。鶴岡に移住する人はとりあえず山伏修行をする、と。

今はわりと短期の修行で山伏になれる(2)んだけれど、そういう移住者たちのネットワークでハブの役割を担っているのが、何百年も前からそこに住んで、宿坊を管理している山伏たちなのね。時代を越えて、ずっと同じところに定住していて、かつ宗教的な儀礼を司っている人がネットワークの核にいる。そうすると、場が安定してくるんだよね。なんとも言えない安心感がある。

都市から地方への移住にとって決定的だったのは、前も言ったけれど、3・11の原発事故による健康被害への恐怖だったと思う。小さな子どもを抱えた母親たちや妊婦が放射性物質の飛散に対して恐怖を感じるのは当たり前のことなんだけど、でもそこには単に健康被害に対する自衛というだけじゃなくて、原発に象徴される「命よりカネが大事」という底の抜けた世俗性に対する嫌悪があったんだと思う。

(2) 出羽三山神社による練成修行道場、羽黒町観光協会による山伏修行体験塾など、二泊三日での修行体験ができる。

もう少し霊的なもの、自然なものに触れたいという思いがあったと思う。あえて言挙げされることはないけれど、それが今の地方移住トレンドに大きくかかわっているんじゃないかな。

青木　実はこの家は、ぼくらが最初に見せていただいた物件でした(3)。まず引っ越すのなら、手持ちの本をみんなと共有できる図書館を開きたいと思っていました。案内していただいたとき、目の前に史跡があったんです。天誅組総裁の吉村寅太郎さんが最初に埋葬された、非業の死を鎮める地だった。そして杉並木を通って、扉をガラガラと開けたらこの板間があった。これなら図書館できそうだなと、パッと具体的に思い描けた。それで直感的に借りることを決めてしまったんです。

確かに聖地というのはものすごく重要だなと思ったのですが、さらに惹きつけられたのが、その聖地に行く前の橋ですよね。川を渡るというのが、俗世と離れた「彼岸」を象徴しているようでグッときたんです。此岸から彼岸へ。この世のロジックではない世界を、この場だけでも残したい。

内田　ぼくもあの橋を渡って碑を見て杉並木を通ってきて、青木真兵くんの感受性の豊かさに感動したね。よく見つけてきたよ、こんなところを。

(3) すでに書きましたが、東吉野村役場の方のご案内で内覧した一軒目でした。橋を渡って史跡の脇を通り、林を抜けるという、家までのアプローチにグッときてしまいました。(青木)

「もう経済成長はしない」

青木　今後の十年を考えるにあたって、十年前のことを考えてみました。十年前といえば、ちょうどぼくが内田先生のゼミに通い始めて、身体など数値化できないものについて知り始め、学び始めた頃です(4)。都会で生活していたこともあって、ぼく自身、それまではそういうものをなきものにして生きてきたところがあった。

それが暴かれたのが3・11でした。数値化できないものを見て見ぬ振りをしてきてしまったことが、すごくショックだったんですよね。その経験から、自分の言いたいことが言える場所とか、自分のやりたいことがすぐにできる場所、お金や数値化できるロジックで潰されない場所を作りたい、と考えるようになりました。今後いわゆる定常型社会になっていく中で、経済成長を基盤にした社会の中で閉じてきた蓋を開けざるを得なくなると思っているんです。

内田　その蓋が開くのは、もっと早くなると思うよ。

先月号の『フォーリン・アフェアーズ・リポート』でモルガン・スタンレーのグローバル・ストラテジストが、「もう経済成長はしない」とはっきり書いていた(5)。もう無理なんだよ。人類は人口減・高齢化・成熟経済という未経験ゾーンに入って

(4) ぼくが神戸女学院の大学院ゼミに通い始めたのは、二〇〇七年でした。(青木)

(5) ルチル・シャルマ「経済成長への期待と憂鬱な現実――『奇跡の世界後』の経済に備えよ」『フォーリン・アフェアーズ・リポート』二〇一七年六月号

いく。アメリカでも、産業構造が大きく変わる。ＡＩの発達でいろいろな産業セクターで雇用喪失が起きる。さまざまな予測があるけれど、いちばん悲観的なのは、雇用の四割が失われるという予測。少数の富裕層と圧倒的多数の貧困層への二極分化がさらに進行する……。そうなるともう国家が体をなさなくなるから、その前になんとかして手を打たなきゃならない。

アイデアを考えたり、新しいビジネスモデルを創造する人を「川上」、実際に身体を使って価値物を創り出す人を「川下」だとすると、製造業は「川中」に当たる。このセクターで働いている人間が機械に取って代わられてしまうことはほぼ確実なんだ。

もともと、アメリカはリバタリアン気風が強い国だから、貧乏になるのも病気になるのも自己責任という考え方をする人が多い。ＡＩのせいで雇用を失っても、そんなのは自己責任だから路頭に迷っても知らない、失業者のために税金を投じることは「社会主義」だと反対する人は今でも多いんだけれど、そんなロジックが通用しないくらいの規模で雇用喪失が起きそうなんだ。何百万人という労働者が短期間に失業した場合、それを「自己責任」として放置してしまったら、もう社会秩序がもたないし、市場が縮減すれば、アメリカ経済が立ちゆかない。この大量失業者たちをなんとかして再就職させなくてはならない。その就業支援にかかるコストは連邦政府・州政府が負担すべきだという議論を、アメリカ人のエコノミストがすでにしているわけですよ。ウォール街のエコノミストが「ベーシックインカム(6)の導入の可否」について議論している。五年前なら思いもしなかった展開になっている。

いずれすべての先進国で経済成長が止まる。そして、産業構造も雇用状況も劇的に変化する。そうなると、先進国は第二次世界大戦のときみたいに、ナショナリズムを煽ってもう一度世界大戦を始めるか、あるいは定常経済に移行するか、その二つしか選択肢がない。ぼくはこれからは先進国も、定常経済への移行を選ばざるを得なくなると思う。

(6) 政府が性別、年齢にかかわらず、すべての国民に生きるのに必要な最低限の金額を無条件で支給する制度。

「十年後の日本」を誰も描いていない

内田　ぼくらが子どもの頃って、三十年後、五十年後の世界がよく少年誌のグラビアページで描かれていたんですよ。

青木　車が宙を浮いて、ビュンビュン走ってたりするやつですよね（笑）。

内田　銀色スーツを着た中学生がジェットカーで通学していたりね。『ドラえもん』

もそうでしょう。ドラえもんの出す道具は全部、人類の夢だったわけだから。これから科学が発展するとああいうふうになるんだと、みんな夢見ていた。ところが、今の少年誌を開いても、「三十年後の日本」のことなんて、どこにも書いていないじゃない。未来について語る言葉がないんだよね。

これは非常に危険なことだと思う。別に「三十年後のこと」なんか語る義務はないんだけれど、三十年後が来ることは確実なわけでしょ。銀色スーツを着てジェットカーで中学校に通うというのは起こらなかったけれど、パーソナルコンピュータとか携帯は登場した。七〇年代まではＩＢＭの中央集権型のスーパーコンピュータにすべての情報が集積されるという未来予測だったけれど、Appleの登場によって、「パーソナルコンピュータ」というまったく新しい離散的なシステムに取って代わられた。今はラップトップ・パソコンでも、六〇年代に月にロケットを飛ばしたときの計算機よりも演算能力が高いわけでしょう。そんなものを個人が持つ時代が来るなんて考えられもしなかった。

あるところでは科学は予想もしなかった形で進化し、あるところでは予測が外れて、ほとんど何にも変わらなかった。今の中学生はやっぱり学生服着て、自転車こいで、学校に通っているわけだからね。

それを見ると、人間の想像力ってずいぶん空回りするもんだなと思う。でも、今はそういう空回りするような想像さえしていないでしょ。リニア新幹線を通すとか、オリンピックや万博をやるとか、カジノを作るとかいう計画(7)はあるけれど、じゃあ、そのさらに十年後、二十年後の日本はどうなっているのか、それについては誰も何も言わない。リニアが通って、カジノがあって、太平洋側に人が集まっていても、首都圏とせいぜい名古屋、大阪までの話であって。それ以外の地域では人口は激減していて、たぶん日本列島のほとんどが過疎地ないし無住の地になっている。今のような無益な「成長戦略」を追いかけていたら、そうなるのは明らかなんだよ。

だから、そういう未来図を提示する義務が政府にはある。無理をしてでも経済成長をめざすというのなら、太平洋ベルト地帯以外の日本にはもう人が住めなくなる。それがどれほど傷ましいものであっても、今の政策を続けてゆけばそうなるという将来像を提示する責任が政策立案者にはあると思う。何年頃には人口がこれぐらいに減っていて、GDPがこれくらいになっていて、どんな産業が生き延びて、どんな産業が消えて、国民はどうやって食ってゆくのか——それを言わないまま、首都圏に国民資源を一極集中して、地方を無住化する政策を採り続けることはいくらな

(7)品川・大阪間を六十七分でつなぐJR東海の「リニア中央新幹線」は二〇四五年の全線開業をめざして工事が進められている。二〇二〇年の東京オリンピックに続き、二〇二五年「いのち輝く未来社会のデザイン」をテーマに大阪・関西万国博覧会の開催も決定。「カジノを含む統合型リゾート(IR)実施法案」は二〇一八年に可決・成立された。

んでも無責任だと思うんだよ。

でも、今の日本で経済成長を語っている人間たちは、二十年後、三十年後の日本がどうなるのかを提示しない。それを言ったら、現代日本人のほとんどが「そんな未来はイヤだ」って言うのがわかっているから。そんな暗い未来になるくらいなら、バクチや土木工事に頼った経済成長なんかしなくていい、もっと資源をたいせつにして、穏やかに暮らしたいと言い出すに決まっているから。だから、自分たちがやっている政策を続けると日本がどうなるのかについては決して言わない。言うのは、せいぜい三年後、五年後までのことだけ。それに、「これから地方は無住の地になります。首都圏にすべての資源を集中します。そうしないと経済成長できないんです」というようなことを今の段階で口にしたら、選挙で自民党が地方でぼろ負けするのはわかっているから。

かつては国民全体が、科学技術が発展して人口が増え、経済成長をしていく、という未来予測を共有していた。でも今は、誰も未来予測を共有していない。それは未来の日本についてのグランド・デザインを起案しなければならない政府が、未来について考えることも語ることも拒否しているからなんだ。だから、一人ひとりが自己責任で未来像を描かなきゃいけなくなった。

これからの日本社会がどうなるかについて、ある程度の見通しを持っていないと、ぼくたちだって、何をしたらいいのか決められないでしょ。どういう職業を選んだらいいのか、どこに住んだらいいのか、どういうライフスタイルを採用したらいいのか……日本がこれからどうなるのかがわからないと決めようがない。

「日本がどうなろうと俺はトラック運転手になりたい」という人もいるかもしれないけれど、そんなこと言ってもあと十年後には自動運転のせいで、「トラック運転手」という職業そのものがなくなる可能性があるんだから。「原子力技術者になりたい」と思っても、廃炉が終わったら、もう仕事はなくなる。

今日のテーマは「十年後の地方」だけど、まずは十年後の日本がどうなるかがわからないと十年後の地方なんて語れない。でも、十年後の日本についての責任ある言説を、誰も語っていない。だから今日はそれを語ろうじゃないか、と。

弱さの手柄

青木　都市に住んでいたとき、自分たちの感覚とどんどん乖離していく感じがあったんです。特にぼくらは身体が弱くて、心も弱い（笑）。経済成長しかないと思っている頭のかたいおじさんと同じ職場になっただけで嫌になっちゃうような、心身薄弱な人間。そんな人間にとっての居場所が都市の中からどんどん失われていると思うんですね。それが東吉野村に越してきて一年ちょっとで、ずいぶん顔色がいいと言われるようになりまして（笑）。

内田　そうだよね、色つやいいよ。

青木　十年前に知り合った人が、「出会ってから今がいちばん元気だ」なんて言ってくれている。確かに自分でも、身体も心も健やかだと思います。

都市って、自分で制御できる空間が少ない。電子レンジでチンしたり電気ジャーでご飯を炊くことを生活の制御と言ってしまうこともできるけど、それは電気が来なければ成り立たない。3・11をきっかけに、電気は原発に頼っていてすごく脆弱なものであることが見えてきちゃった。自分も生活も脆弱、っていうダブル脆弱はヤバい（笑）と命の危機を感じて、こっちに逃げてきたんです。

内田　それは青木くんならではだね。こういうところにいたほうが安心感を覚えるというのは、都市に住む「強い人間」にはなかなかない感覚だと思う。まず不便さのほうが先に立つからね。これは「弱さの手柄」だと言っていいと思うよ。これくらいの光量の灯なら、電気が切れてロウソクになってもたいして変化ないしね。庭には芋も植えてあるし、川の水も飲めるし。東京のタワーマンションになんて住んでいたら、電気止まったら、もう終わりだよ。下まで降りていって給水車の配給待って、また二十六階まで上がって……なんてやってたら身体もたないよ。

青木　正直、ああいうタワーマンションに住む人の気がしれないですけどね。

内田　あれは都市が完全に制御されていて、システムが破綻しないことを前提にしている生活だと思う。

ファンタジーを生きる人々

青木　あらゆるものが都市を中心に成り立っていると考えると、すべてがガラガラと崩壊していく気がします。せっかく受験勉強を頑張っていい大学、いい会社に入って、と考えていても、その会社がなくなるなんてことだって往往にしてあるわけです。戦後の高度経済成長期をベースに積み上がってきた社会そのものがすでに崩壊しているわけですから。

内田　すでにどんどん崩壊し始めている。どこからどう崩壊していくのか、このへんはしっかりしているから、こちらに資源を集めておいて、あちらは諦めようとか、捨ててゆくものは捨てて、新しく作るものは作るという「後退戦」に考え方をシフトすべきなんだよ。たいせつなのは、誰一人脱落しないようにすること。せっかくの国民資源をなるべく目減りしないように大事に使い伸ばしながら、ゆっくりと後退していく。

後退戦というと、みんな嫌がるけれど、そういう歴史的局面に遭遇することはあるわけで、そういうめぐりあわせになった以上、ぐだぐだ文句を言っても始まらない。後退戦を戦うためにはどうすればいいか、衆知を集めて論ずるべきなんだ。それなのに、「後退戦なんてあり得ない。まだまだどんどん成長してゆくんだ」というようなとんちんかんなことを言っているから、足下がガラガラ崩れているのに対応できない。

今の日本では、政治家も官僚も財界人もメディアも、このシステムがもう長くはもたないことがわかっている。でも、「明日も昨日の続きです」という嘘をついている。システムが瓦解するリスクがあるから、今のうちから備えておきましょうということは誰も言わない。それを言うと「敗北主義」だと叩かれる。「そう不景気なことを言うやつがいるから事態が悪くなるんだ」と「非国民」扱いされる。「この戦争に日本は負けるかもしれない」と言っただけで民間人を投獄していた前の大戦の戦争指導部の言い分と同じなんだよ。一九四二年のミッドウェー海戦(8)で敗《ま》けたところで帝国海軍は主力を失っていたわけで、もう勝ち目はなかった。あとはどれくらい少ない被害で講和に持ち込むかだけが外交的な課題だったはずなんだけれど、失敗を認めることを拒んだ戦争指導部は国が亡びるまで戦い続けた。ミッドウェーの時点で講和しておけば、南方の戦死者・戦病死者も出なかったし、本土空襲もなかったし、原爆も落ちずに済んだ。さきの戦争の死者のほとんどは一九四四年に「絶対国防圏」が破綻した後の一年間の、もう敗戦は必至で、いつ降伏するかだけが問題になった後で死んでいるんだ。ミッドウェーで敗けた時点ですぱっと講和していれば、三一〇万人なんていうめちゃくちゃな数の死者を出さずに済んだ。そりゃ、満州や朝鮮半島や台湾や南方領土は放棄させられただろうけれど、北方領土も沖縄も維持できたし、国内に占領軍が戦後七十年以上も駐留することもなかった。戦争責任の追及も日本人が自分の手でできたはずなんだよ。その場合に、戦後日本の政体がどうなったかはよくわからないけれど、たぶん何度かの改憲を経て、天皇制と立憲デモクラシーのアマルガムという、今の日本と同じような制度に着地したんじゃないかな。

つまりあと三年、せめてあと二年早く講和していれば、日本はアメリカの属国に

(8) 一九四二年六月、ハワイ諸島北西のミッドウェー沖で日米両海軍の機動部隊が繰り広げた大規模な戦闘。日本軍の連合艦隊は空母四隻すべて、兵員三五〇〇、二〇〇余の飛行機全機を失う大敗を喫し、主導権を米国に奪われた。

ならず、今も独立国で、外交でも、安全保障でも、エネルギーでも、食糧でも、医療でも、教育でも、自国の戦略を自己決定できる国になっていたはずなんだよ。

それがこんなざまになって、アメリカの属国身分に甘んじなければならないのは、すべて戦争指導部に「後退戦を戦う」という発想がなかったからなんだ。敗けると決まったら、どうやって被害を最小化するか、守るべきものをどうやって守るか、絶対に手離していけないものは何かを考えなくちゃいけない。でも、日本人はそれをしなかった。負け戦が始まった時点で、海外植民地は諦めても、国家主権と国民と国土だけは絶対に守り抜こうというまともな判断が下せたら、こんなみじめなことにはなっていなかった。だから「負け戦を適切に戦う」というのはとてもたいせつなことなんだ。先の敗戦からぼくたちが教訓として学ぶべきことがあるとすれば、それは「後退戦を戦う」ことのたいせつさなんだよ。でも、今の日本人は前と同じ失敗をまた繰り返そうとしている。

青木 実質が伴っていないのに、同じことを続けようとするから、そりゃ嘘つくしかない、という状況になっている。

内田 そう、システマティックに嘘をついて、ファンタジーの中で生きているわけだから、日々どんどん現実から乖離してゆく。嘘をついているという意識はもうないのかもしれない。

青木　本人の物語においてはそういう世界があるということでしょうか。リアルな世界を生きるためには、やっぱり地べたから始めるべきですよね。

内田　そうそう。こういう地べたに近いところから、地べたに近い人たちが講和条約を結ぶしかない、と（笑）。自然の中で、真兵くんみたいに生身の身体を基準にして、自分の生身の身体をどうやって活かしていくのかという切実なところから自分のライフスタイルを決めていく。それだと思うよ。

切実すぎる地方移住の「十年後」

青木　地方には「何もない」と言われます。都市に比べると弱い立場、劣位に置かれる。いわゆる数値化できる、目に見えるものだけを信じている人、目の前にあるシステムを信じることができる人は都市部でも生活できるかもしれません。でも、それ以外の部分がなんとなく見えてしまった感受性の強い人からすると、何もない場所にいるほうが既存のシステムがないぶん、すごく自由になれる。

東吉野には、平野がありません。山間部だから田んぼが圧倒的に少ないし、川も狭くて、ダムもない。生業が育ちにくいんです。だから村は主にクリエイターの人に来てくださいと言っている。鶴岡には鶴岡の事情があるし、周防大島には周防大島の事情がある。つまり生活というのは地形や地理や土地の歴史にすごく規定されると思います。

ぼくの場合は身体が弱かったせいで、自分にピッタリの聖地つきの場所が見つかりましたが、自分のクリエイティビティをどうやって移住先で活かしていけばいいか悩んでいる方たちに、何かアドバイスはありますでしょうか。

内田　うーん、今からの十年間はかなりクリティカルな時期だと思う。若者の地方移住は年間数万人規模で進んでいる。もちろん、それは都市生活にうんざりした人たちがそれだけいるということなんだけれど、都市生活にうんざりした若い人なんて、昔からいたわけですよ。七〇年の全共闘運動の後に実際に農業に向かった活動家は大勢いた。でも、地域に定着できた人はきわめて少なかった。それだけ当時の農村共同体は排他的だった。ところが、限界集落化が進んだことによって受け入れ側の事情が一変した。

急激な高齢化によって、農業の継承者がいなくなった。さすがに、七十代、八十代になって後継者がいないとなると、先祖代々伝えてきた農業文化とか伝統的な祭祀や儀礼や伝統芸能がその代で途絶してしまう。お墓を守る人もいなくなる。それでは「ご先祖さまに顔向けができない」。これはえらいことになった。農業文化や林業や地域文化の継承にはそれなりの手間も時間もかかる。だったら、もうのんびりしていられない、早く人を集めなきゃ……ということになった。

請われて地方移住した凱風館の門人たちによると、同じ集落でも年齢によって、手触りがだいぶ違うんだって。七十代、八十代の人は移住者にわりとフレンドリーなんだけれど、四十代、五十代はそれよりは冷たい。「何しに来たんだよ」って感じでね。それくらいの年齢の人たちは、まだ自分たちだけで何とかできる、人手を借りなくてもできると思っている。でも、高齢者は「後がない」と思っている。切実さの程度が違うんだろうね。

もともと農村共同体というのは排他的なもので、「ニューカマー」を歓迎しない。農村の扉が開いたのは、急激な人口減と高齢化があったからだよ。農業文化が途絶すること、伝統芸能や祭祀がなくなることが本当にリアルな懸念になったから、集落の伝統を継いでくれる人を探しを始めた。おかげで久しく閉鎖的だった村落共同体の「扉」が開いた。

でもね、この扉はこのまま開きっぱなしではない。いずれまた閉じるときがくる。

今は高齢化が進んでいるから「ウェルカム！」だけれど、移住者の頭数が十分に揃わなかったらどうなるか。せっかく移住してきた人も、「焼け石に水」で、さらに過疎化が進めば、もうそこには「受け入れ先」の集落そのものが存在しなくなってしまう。

それに過疎地は「地方再生」の政策(9)の下に、政府主導で潰されるリスクが高いとぼくは思っている。このまま過疎化が進んでいくと、「人口の少ない集落を維持するための行政コストを削減すべきだ」と言い出すやつが必ず出てくる。過疎地には、公共交通機関を通さない。通信網や、上下水道も廃止する。役所も病院も警察も消防も撤収する。少人数の市民のために、多額の税金を投じるわけにはゆかないという理屈に反論することはきわめて困難だから。そうなると、過疎地は事実上「居住不能」になる。まず学校と病院と役所を統廃合する。学校が村からなくなれば、子どもたちの登下校がたいへんになる。病院が村からなくなれば、高齢者の病院通いがたいへんになる。たぶんそういうふうに「搦《から》め手」から攻めてくると思う。行政コストのカットという錦の御旗の前では誰も抵抗できないからね。でも、それはその土地がどんどん暮らしにくくなるということなんだ。まず年寄りと子どもに被害がくる。高齢で慢性疾患を患っている人は、先祖伝来の土地を諦めて捨てて、

(9) 急速な少子高齢化や社会経済情勢の変化に伴い制定された「地域再生法」(二〇〇五年)による地方活性化策。地方自治体が考えた活性化策を国が認可、支援措置を行い、持続可能な地域再生の実現をめざす。二〇一四年には、東京圏への人口集中を是正するため、地方の活性化を目的とした「地方創生法」が制定された。

病院のある土地に移るという選択を迫られることになる。

おそらくこれから国は、「里山の居住不能化」戦略というかたちで地方の切り捨てを進めてゆく。前にも言ったけれど、人口減と高齢化という状況でなお経済成長をしようと思うなら、もう都市部に人口を集中させるしかないんだから。首都圏の狭いエリアに人口を集めれば、三十年、五十年後に人口が六〇〇〇万人、七〇〇〇万人というところまで減っても、なんとか経済は回せる。でも、それは首都圏以外の地域にこれまで投じていた行政コストをばっさり切り捨てるというかたちでしか実現できない。

別に成長なんてしなくていいから、みんなで幸せに暮らしましょう、というのなら全体に等しく資源を分配するということになるんだろうけれども。右肩上がりの経済成長を続けようと本気で思うなら、地方の「無住地化」以外に選択肢はない。

今だってすでにJRの廃線は進んでいる(10)でしょう。今はまだ「電車がなくても、自動車があるから」と言えるけれど、仮にこの後、災害で橋が落ちたり、トンネルが崩れたりした場合、その補修はどうなると思う？「トンネルの向こう側に住んでいるわずかな住民のために、われわれの税金を何億円も投じてトンネル補修なんかする必要があるのか？そんな不便なところに住んでいるのは住民の自己責

(10) 地方の人口減や自動車人口の増加により鉄道利用者が全国で激減しており、特に北海道では廃線計画が加速している。

任なんだから、トンネルを修理したければ、自分たちで金を出してやればいい」というようなことを言い出す人間が出てくる。必ず出てくる。

先日、滋賀県の中学生たちが「内田先生にお話を聞きたい」と訪ねてきたんです。その中の一人がこんな質問をした。「滋賀県では南側に人口が集中して、北側の人口が激減している。だから、北側の行政サービスを削減するという方針が出ているのですが、それでいいんでしょうか」。中学生なのにえらいよね。ちゃんと過疎化の本質的な問題をとらえている。よくぞそこに気がついた、と（笑）。だから、ぼくは「すべての県民は等しい行政サービスを受ける権利がある。『どこに住んでいるかによって行政サービスに格差が生じてはならない』というのは行政の基本ルールです」と答えたら、「あ、それでいいんですか」って、ほっとしていた。

もちろん、人口の疎密によって生活の利便性が違ってくるのは当たり前ですよ。でもね、行政はそれをわかった上で、「じゃあ、どうやれば同じような行政サービスを保証できるか？」について知恵を絞るのが本務なんですよ。できるできないは別として、知恵を絞ることが仕事なんです。

でも、「コスト削減」とか「選択と集中」とか言い出すと、もう「知恵を絞る」ということをしなくなる。行政サービスの低下で不便をこうむる人は自己責任で過疎地に住んでいるのだから、諦めて不便に耐えるか、都市部に引っ越すしかないという、二者択一ですというシンプルなロジックを振り回し始める。これを一度受け入れてしまうと、あとはもう首都圏一極集中まで歯止めがない。「コストカット」というようなことを気楽に言っている人たちは自分たち自身がいずれ「コストカット」の対象になって切り捨てられるというリスクをまったく想像もしていない。いくら何でも想像力が足りないと思う。

地方自治体も、実際には政府の「地方切り捨て」というグランドデザインへの対案を持っていないから、限界集落化したところはいずれ「地方移住者の受け入れ」そのものができなくなる。その体力さえなくなる。

だから、地方移住の「扉」が開いているのは、せいぜいあと十年だとぼくは思っている。地方に新しい拠点を作るとしたら、今から十年が勝負じゃないかな。今、拠点づくりに失敗したら、もう先はないような気がする。

「地方創生」は地方切り捨てと一極集中の隠れ蓑？

青木　今の「地方創生」って、そういう実験段階というか、地方の実績をチェック

しているということなんですか?

内田　大学を含めたあらゆるシステムと同じで、いったん「右肩下がり」になると、資源の傾斜配分ということを始めるわけですよ。全体のパイが縮み始めると、それまでわりと雑に配っていた資源の分配について口やかましくなる。有限の資源を競争的に分配するということになる。するとどうしても数値的な格付けが必要になる。それ以外に傾斜配分の根拠がないから。格付けが高いところには多めに資源を配分し、低いところは滅びるに任せる。

格付けに使われるのは、人口、平均年齢、事業所数、税収……といった数値的なデータになる。そのポイントの高いところが「生き残りそうな市町村」で、低いところは「滅びるに任せる市町村」とラベリングされて、「生き残りそうなところ」に選択的・集中的に資源が分配される。

身体の弱い若者を受け入れて、お墓の掃除をしてもらっています、芋を育ててもらっています、図書館やってもらっていますなんていうのは、総務省的な配点基準からしたら、たぶん○点だと思うよ(笑)。そんな移住者が何人いようが、東吉野村に助成金つけましょうという話には絶対にならない。

「コンパクトシティ構想」(11)というのはまさにそういうものだから。あれは里山を無住地化して、地方都市に人を集めて、行政コストをカットするための政策なんだから。里山に離散的に暮らされると行政コストがかかって面倒だから、みんな都市に集まってこい、と。地方都市に移住してくれれば、役所も病院も学校も警察も消防もスタバもある。高齢者は仕方なく引っ越してくるかもしれない。でも、その人たちはもう生産者じゃないわけだよね。年金や蓄えを食いつぶすような消費活動しかできない。だから、里山に居住できなくなった高齢者を集めたコンパクトシティは一時的には消費活動が活発になるかもしれないし、介護や看護の雇用が生まれるかもしれないけれど、先はない。いずれ高齢者たちはコンパクトシティからいなくなる。そうなると、そのコンパクトシティそのものが限界集落化する。となると、「限界集落化したコンパクトシティ」に行政コストを投じるのは無駄だから、そんなところに住むのを止めて、もっと大きな都市に引っ越せという話になる。里山に住むとコストがかかるからコンパクトシティに移るべきだと言った人間は、このロジックに反論できない。これを二、三回繰り返せば、最終的には首都圏に全人口が集住するかたちになる。総務省が考えているのはそういうことだと思いますよ。ぼくがもし今総務省の役人で、「内田くん、人口減局面でなおかつ無理矢理に経済成長させるためにどんなプランがあるか考えてくれ」と上司に言われたら、たぶん

(11) 人口減と高齢化が著しい地方都市で、医療・福祉・商業等の生活機能を保持するため、地域公共交通と連携して街全体をコンパクトに集約する構想。国土交通省による「国土のグランドデザイン2050」の中心に据えられている。

「地方を居住不能にする」というプランを書いて出すもの。

今、首都圏の人口は約三五〇〇万人だけど、これが五〇〇〇万人ぐらいになれば、日本全体の人口が五〇〇〇万人になったとしても、今とあまり変わらない経済規模が保てる。人口が減るなら、狭いところに押し込んで、人口密度そのものは変えないという政策をとれば経済成長は維持できる。ぼくはそれを「シンガポール・モデル」と呼んでいるんだけれど、国土がどれほど狭隘で自然資源がなくても、そこに人がひしめいていて、定型的な賃労働があって、定型的な消費活動が営まれている限り、金融とカジノとエンターテインメントくらいがあれば経済成長はできる。それはシンガポールを見ればわかるから。

ただ、そのような無理な体制を維持するためには、シンガポールのように一党独裁にして治安維持法を制定し、野党も労働組合も反政府メディアも、金儲けの邪魔になりそうなすべてのファクターは組織的に排除する必要がある。だから、今の日本政府が考えている三十年、五十年のあるべき国家像はシンガポールだとぼくは思っている。ただ、彼らは心に思っているだけで口には出せない。そんなこと口に出したら、与党は首都圏以外の選挙区でぼろ負けして、政権交代が起きちゃうからね。だから、「地方創生」というような真っ赤な嘘を掲げて、地方の有権者を騙している。十年後にはもう「地方創生」なんて、誰も言わなくなっていると思うよ。

みんな薄々気づいてる

青木　そういう中で、経済成長を信じるのか、共生的な社会をイメージするのかということですけれど。

内田　結局それは国民一人ひとりが選ぶことだと思う。今の段階で、「選択と集中」による成長か、定常経済下の共生社会とどちらを選びますかと聞けば、日本の有権者の九十五％は「成長」を選ぶと思う。「選択と集中」の新自由主義者で「命よりカネがたいせつ」という人たちのほうが今の日本では圧倒的な多数派なんだから、仕方がない。ぼくらとしては一生懸命手だてを尽くして、「そっちに行っても未来はないですよ」と伝えなくてはいけない。

幸い今のところまだ日本には豊かな自然環境とこれまで蓄積してきた国民的資源がある。治安はいいし、医療や教育の水準は高いし、他国に比べれば公務員のモラルも高いし、健康保険制度も機能している。日本の制度資本は世界的に見ればかなり立派なものなんだよ。だから、今後基盤は脆弱化するけれども、少しずつ丁寧に使い伸ばして、高い質を維持することはできると思う。

でも、経済成長というのは、「成長か死か」という起死回生の大博打だからね。日本のいちばん豊かな部分を洗いざらいお金に替えて、それを大博打に賭けるという方法を採ることになる。これがいかに時代遅れかというのは、最初に言ったように、すでにアメリカのエコノミストたちが言い始めているわけでしょう。今ある資源をみんなで平等に分け合って、穏やかな生活をしましょうよ、と。これは遠からず世界的な風潮になるとぼくは予測している。

資源配分は、弱者から優先的に配分していかないと、流動性がなくなって社会はもたない。そういう危機感が、今イギリスでもフランスでも強くなっているんだ。イギリスのジェレミー・コービンの労働党も、アメリカ民主党のサンダース派も、スペインのポデモスも、新自由主義的な「選択と集中」に反対して、できるだけ多くの労働者に再分配することを求めている。新自由主義的・リバタリアン的な発想では資本主義そのものがもたないことがわかっているんだ。皮肉な話だけれど、社会民主主義的な方向に舵を切らなくては市場経済そのものが立ちゆかないということがだんだんわかってきた。

それなのに、今の日本では社会民主主義的な政策が最も人気がない。不思議だよね。現実的な着地点はそこしかないのに。たぶん、最終的にそこにゆくしかないとわかっているから、よけい行きたくないんだろうね。

青木　その現実だけは認めたくないと（笑）。

内田　内心の恐怖の裏返しなんじゃないかな。あれだけ社民党が少議席になるのはそのせいだと思う。だって、社民党が掲げている政策が実現した場合に、自分の生活がどう変わるかを有権者が考えたら、あんなに得票数が少ないはずがないもの。「財源はどうするんだ」って凄む人がいるけれど、そんなことは考えなくていいのって（笑）。それを考えてくれる人を選ぶ選挙なんだから。

かつての社会党は、国会に衆参合わせて二〇〇近い議席を持っていたんだから。それが五議席以下にまで縮んだ。不思議だと思うよ。政策的には一般の有権者にとって有利なことしか掲げていないのに。だから、この不人気は感情的なものなんだと思う。憎しみなんだよね。ネットでも、リベラルとか理想主義とか弱者への支援とか社会福祉とかを言う人たちに対する攻撃がいちばん口汚いでしょう。でもそれって変じゃない？　ネトウヨたちだって、その多くは社会的弱者であって、社会福祉制度が充実してもらえば助かるという人がいっぱいいるわけでしょう。にもかかわらず、自分たちに有利な政策を掲げる政党を憎む。これ、いずれ「これまで掲げてきた経済成長政策は全部ダメでした。これからは他に方法がないので、あまりおもしろくないけど社会民主主義にします」という展開が何となく予感できるからじゃないかな。

青木　最後のあがきの十年ということですか。

内田　だと思いますね。グローバル資本主義の後に社会民主主義が出てくるなんて、歴史の進化から考えると異常な感じがするけれども、冷静に考えると、経済が縮んでいく中で、国民国家という枠をそれでも維持しながらなんとかしようと思ったら、社会民主主義的な政策に行き着くほかないんだよ。活発な消費活動やキャリア競争の時代が終わって、定常的な、あるいは少しずつ貧しくなっていく暮らしの中で、一人ひとりが自分の幸せを手づくりできるような生き方に切り替えないといけない。でも、それって、かなり盛り上がらない話であって、これまでのイケイケの人たちの世界観を全部変えろと言っているわけだから、ネトウヨが怒るのもわかる（笑）。

でも彼らだって、その時が迫ってきているという実感はあると思うのね。この先、五輪や万博が大成功して、経済波及効果でみんな大金持ちになって、カジノに世界中からガンガン人が集まってきて笑いが止まらないなんて話は、いくらなんでも誰も信じていないと思う。それでも行き先が社会民主主義だけは嫌なんだよね。

青木　自分の幸せを手づくりするって、やってみるとすごくおもしろいんですけどね。

地方は日本のフロントライン

青木　ではこの十年は、そうした地方創生の化けの皮が剥がれて、一極集中が露骨に進む。その一方で、もう消費による楽しみよりも、貧しいながらも自分で自分の幸せを手づくりして楽しむ社会がやってくると。

内田　いきなり社会全体が変わるのではなくて、いろいろなオルタナティブが提示されるという形になると思う。小規模な実践があちこちで始まり、それが広がって、ある程度の大きさになってくれば、多数派も「まあこっちに行くしかないのかな」としぶしぶ認めて、先進国がぱらぱらと社会民主主義的な北欧の国々とかカナダのような政策のほうに移行していくことになる。

青木　その現実をいわば先取りしているのが地方なんですよね。

内田　ここはフロントラインだと思う。グローバル資本主義の本質的な矛盾がここに露呈してきているから。東吉野村だって、十年後には高齢化と過疎化が進んで、もう青木くんがここにいたいと言っても、図書館利用者が週に一人とか、誰も来ないとか、あるかもしれない。

青木　ま、今もそんなもんですけどね(笑)。

内田　そうか(笑)。とにかく、この先急激な人口減が訪れた場合には、ここがオルタナティブとして機能するための基盤そのものが揺らぐかもしれない。だから、十年以内にはなんとかレギュラーな移住の流れを作って東吉野村の人口減を食い止めないとね。

完全にここに定住する人たちを探すのは難しいと思う。君のように村にいながら、都市での別の仕事を兼業する。過渡期には地方と都市部、両方に拠点を持って行き来するというのが、落としどころとしては穏当なんじゃないかな。

青木　この十年は「勝負の十年」なんですね。

内田　とにかく、君自身が自分の生き方を楽しんで、ニコニコしているというのが、いちばんたいせつなアピールなんだよ。こわばった顔をして、額に青筋立てながら「地方創生、頑張ろう!」とか言っててもダメなんだ。誰も来ない。青木くんの任務はとにかく機嫌良くいること。機嫌良くいれば人が集まってくるんだから。

青木　ははー、機嫌良く。セルフ・コントロールが大事ですね。ということで、時間になりましたので、ここまでにしておきたいと思います。みなさん、ありがとうございました。

できるのハードル

青木海青子

　三年ほど前に怪我をして脚が曲がりにくくなり、正座ができなくなりました。できなくなりましたが、受傷前からお稽古をしていた合気道は、ぼちぼち続けています。

　以前のようにどこかの道場に通ったり、昇段審査を受けられるわけではないので「続けている」と言えるかどうかはわかりません。今は家人が職場（障害者の就労支援団体）の方とやっている「対人支援のための合気道」に混ぜてもらっています。合気道のお稽古というよりは、合気道の要素を日々に活かすことをたいせつにしている場だと思います。

　入院していたとき、看護師さんに退院後、自分に何ができるかを確認したことがありました。走ること、フットサル、合気道、料理などを挙げると、看護師さんは「脚が曲がるのが九十度くらいまでやから、走ったりフットサルをするのは難しいかも。でも立ち止まってパス練習とかならできるかなー」とか「料理は大丈夫！　腕や手は怪我してないから」と、一つひとつ答えてくれました。合気道については「激しい動きは少し難しいかも」とのこと。

退院して東吉野で暮らし始めてから、受け身を一人で試したり、家人や友人とお稽古をしてみましたが、やはり受傷前のようには動けませんでした。自分の中にあった「道場に通って、お稽古をする」や「受傷前のように動ける」といった「合気道ができる」のイメージからかけ離れた現状に向き合ううち、だんだん「今はあまりできないから」と動きを試すことも少なくなっていきました。友人には合気道を続けている人が多く、道場に通う姿を眩しく感じました。

しばらく後、家人が職場でお稽古をすると聞いて、手伝いを兼ねて参加することになりました。久しぶりのお稽古では、思ったより自然に動けているような気がしました。今の脚の使い方に慣れたのでしょうか、「意外とできた」と思えました。

動きは引っ越してきた当初とあまり変わっていないかもしれません。でも、自分の「できる」のハードルが、東吉野で暮らす中で少しずつ変化したような気がするのです。

それまでは「〇〇が揃っていないと」と考えがちでしたが、気がつけば自分で自分に「あんさん、こんな山の中でそれを言うたかて」とツッコミを入れるようになっています。周囲にいる友人は皆てんでバラバラに楽しく暮らしていて、「あっちにはあれがあるけど、うちにはない」と比較しようがありません。引っ越してきた当初は「あれも足りん、これも足りん」と思っていましたが、今は大して状況は変わっていないのに、何もかもここにあるような心持ちです。飢餓感が薄くて、やたらと事足りている。ほんの少ししかできていないかもしれないけど、その少しで大喜びできます。

できていない部分に気づくハングリー精神があったほうが技術は向上するかもしれないけれど、今の私のお稽古での目標は、「日々に活かすこと」。ほんの少しでうれしがれると、日々はより楽しい気がします。そんなこんなで、ぼちぼち「合気道を続けられている」ことにしておこう、そう思っているのです。

あいつ、給料出なくなっても図書館やってる

青木海青子

　学生時代、司書資格を取得するために受けていた講義で、先生がこんな話をされていました。

「海外の司書は、食堂で食事をしていても、本の相談をされるんです」。

　海外では司書課程の専門性が高く、備えている知識も広く深いので、それほど頼りにされる存在なのだ、と。自分もそんな頼れる図書館司書になれたらいいなあ、と素朴に憧れていました。

　二つの大学図書館に七年ほど勤めた後、私設図書館を運営するようになりまして、相も変わらず司書を名乗っています。

「ルチャ・リブロ」のお客さんからメールで質問をいただいたり、演劇に携わる友人から「今度上演する演目の、モデルになった人物について資料を探していて」と相談されたりと、気がつけばいつでもレファレンスを受ける状態になって

いました。司書がレファレンスに応じるのは自然なことですし、自分が海外の図書館員のように頼れる知識や専門性を身につけたなどとはさっぱり思えません。

ただ、私の場合、雇われていない自称司書になったことで、いつでもどこでも尋ねられる存在になったんじゃないかしら、と類推しています。図書館の仕事は自分の身体実感の中で、数少ない「あまり考え込まなくても動けること、人におすそ分けができること」であり「人とつながる術」なので、給金が出ないからといって手放す気はありません。むしろ資料を探して人の役に立てることに甲斐を見いだしている気がします。

現在は、大きな館のように有料のデータベースとの契約があったり、リクエストに応えて本を購入できるわけではないので、あくまで無料のデータベースや機関リポジトリを駆使しての「おすそ分け」です。ただ、司書はどこにあろうと「図書館利用の達人」なのです。「いつ何時、誰の挑戦でも受ける」などとはとても宣言できませんが、「あの人、なんか調べもの、探しものが好きみたいだし」くらいの気持ちで、相談してもらえるとうれしいです。

村で未来を語る

坂本大祐×青木真兵

二〇一七年八月

坂本大祐（さかもと・だいすけ）

デザイナー。一九七五年、大阪狭山市生まれ。東吉野村の「オフィスキャンプ東吉野」を拠点に、商品やプロジェクトの企画立案からディレクションまでを手がける。

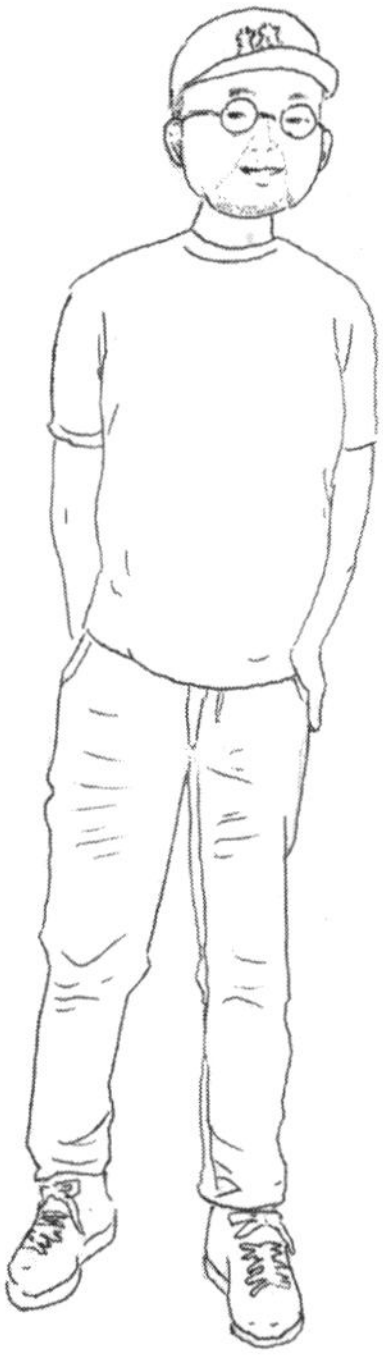

（この収録について）

坂本さんに初めて会ったのは、鈴木塁さんと一緒に訪ねたオープンしたての「オフィスキャンプ東吉野」にて。体を壊した話に花が咲いたのを覚えています。図書館をやろうと思っていると話したら、「めっちゃええやん！」と背中を押してくれたんですよね。この回は「村で未来を語る」がテーマですが、収録したのは隣町の某ファミレス。オムラヂはどんな場所でも収録できてしまうのだ！（青木）

いや、収録はオフィスキャンプ東吉野でだったよ（笑）。（坂本）

迷っている状態が正解なんちゃうかな

青木　先日、ルチャ・リブロで行われた土着人類学研究会での内田樹先生のトーク(1)、どうだったでしょうか。

坂本　大きくは二つ思っていて。

一つは、質問させてもらった政治のことで。明治維新後に出来上がった日本の政治構造って、そもそもあんまうまいことといってないからこんなことになってんのかなぐらいに思ってたけど、いやそうじゃないというか、これが実はシステムとしては悪いものではないというお話だったのが目から鱗でした。自浄作用が働いて、極端な動きをしたところはいずれ淘汰されるようなシステムになっている。今まで続けられてきたこと自体が、間違っていないことの証明になっていると。それをまずははっきり言ってもらえて、すごくよかった。

矛盾を飲み込むというか、曖昧の状態をむしろよしとする、それをシステムに組み込んでいるというのはすごいよね。不確定な要素をわざと残しているというあざとさが、ある意味で人であることの本懐というか。人ってすごく矛盾した生き物で、いっそ動物やったら随分楽やったと思うねんけど、ぼくらは一哺乳類としての人間

(1) ルチャ・リブロ一周年の土着人類学研究会。トーク後の質疑応答で坂本さんは内田樹さんに質問していたのでした。「オムライスラヂオ第二〇八回(二〇一七年七月十九日配信)を聴いてから読んでいただくのをおすすめします」(坂本)

と精神を持った人間を常に行ったり来たりしていて、その乖離が広くなればなるほどしんどくなる。両方を行き来することによって人たり得ている。だから揺れ動くもんですよね、という認識を持つほうがいいというか、それが楽に生きるコツなんじゃないかなって。迷っている状態が正解なんちゃうかな。

青木　そうですよね。矛盾するもの、葛藤を抱えるというのが人間である、というのはぼくもグッときました。

坂本　ある種、動力といっても過言じゃないと思うよね。

青木　だから今、政治や社会が一本化の方向に向かっていることに違和感を抱いてしまうんです。数値化してどっちが優れているか劣っているか、勝負決めましょうや、というのは、それ自体が近代的な合理性に立脚した、非常に脳的で非人間的な行為ですよね。

坂本　本来、矛盾を飲み込んでいることのほうが合理的なわけで。要は机の上だけで話をしているイメージなんやな。積み上げたところだけでやると、本当にきれいになるんやけども、それを運営するのは矛盾を抱えた人だから、絶対にその通りにはならへんのよね。

身体を通じた経験がない現代人

青木　戦後の日本は、実権を持たない象徴天皇と憲法九条という二つの理想を掲げることによって、アメリカの統治下で日本という国を存在させた。それって中身は空っぽだったわけですが、中には戦争体験という生身の体を通じた経験が入っていたと思うんですよね。いかに空虚な理想であっても、「この理想があるからいいんです」と実感を持って言えた人たちがいた。でもそういう人たちがいなくなってしまうと、誰にも実感がないから、なんでこんな実現しそうもないことを言っているんだ、となってしまう。

坂本　めざす方向をぼんやり決める、というのがまさに憲法なんだろうね。今の日本国憲法は、人が健やかに生きる国というのはこうあるべきや、という理想にあふれた憲法やと思うし、その曖昧なところがよかったんやろうね。

青木　そうですね。今の政治家には、身体を通じた経験がそもそもない。この構造は現代の若者が抱える悩みと共通しているのかもしれない。すごく頭でっかちになってしまっていて。

坂本　わかるわかる。身体は反射反応のように自分にとってよい方向に動いていくこうとするんだけど、意識としてコントロールできひん部分が相当にある。そういう存在があることを知っておくことがすごく大事で、全部が自分の思い通りになんかならないし、できひんのやで、というある種の畏敬とか畏怖に近いものを実感していないといけないと思う。

脳的に理解するというより、ほんまにそうやな、と体で納得する状況って、実際にあると思うねんな。東吉野村の環境自体がやっぱり人知の及ばないものになっていると思うのよ。俺らはそういうものを常日頃視界に入れながら生きているから、それによってどんどん変化してくるということはあるよね。

青木 例えば現代世界の「世俗化した欧米VS世俗化しないイスラーム」という対立軸って、脳VS身体という形で、実は普遍的に存在しているんじゃないかと思う(2)。ムスリムとして敬虔な人であればあるほど、自分たちがこういう状況に置かれているのは西洋のせいと考えがちになる。「ジハード」というのは本来イスラーム的な理想に近づく行為のことをいうらしいんですよ(3)。だから敬虔であればあるほど、貧困であればあるほど、現場から抜け出せない状況であるほど、ジハードが自爆テロに向かってしまう。日本の若者の地方移住というトレンド(4)も、その発露の仕方が違うだけでメンタリティの部分ではどこか共通しているんじゃないか

(2) もちろんイスラームも普遍性を持つ宗教なのですが、宗教をも相対化した「世俗主義」のほうがより「脳的」だと思います。(青木)

(3) 内藤正典著『イスラムの怒り』集英社、二〇〇九年、二十六－二十七頁

(4) 地方移住の多くは、自然回帰の動きでもあると思います。(坂本)

な。

坂本　かもしれないね。やっぱり明確にカウンター、一種の抵抗やと思うし。そもそも現状を変える努力に一生を費やすよりは、早いこと自分のできる範囲の中で理想的な状況を作っておくほうがいいやろという感じかな。それが自分らの身の内にあるようなものにしたいというかさ。

どんな未来を思い描けるか

坂本　もう一つ印象に残っているのは、いまの若い世代が夢を見なくなったという話。すごくそうやなと思って。少なくとも俺らは、透明のチューブの中を車が走っているとか、そういうファンタジックな未来をまだギリギリ夢見ていた世代。

青木　当時の大人が子どもに語る未来は、まだユートピア的なものだった。

坂本　今は、夢見ていた未来に近いところにいてるんちゃうかな。あらゆる情報にアクセスできる、一昔前のスーパーコンピュータを今みんなが手の中に持って生きている。ある程度働いている人なら、その状態をすべからく享受できる一方で、人間の文化的な成長速度は減速期に入っている。みんなが同じように思えないことが

リアルにあるというのは、そういうことなのかな、と。
だから俺なりに未来を思い描かなあかんな、と。どんな社会になれば自分はいいと思っているのかを、あまり想像していなかったと反省してる。どんな状況になれば、今よりもっと良くなったと言えるのか、それを考える訓練をしておかないと。
青木 確かに今までは「こんな機械があったらいいな」とか、そういうのでしたよね。でもその限界が見えてしまって。
坂本 だってロボットの掃除機が買えるんやで（笑）。
青木 一方でドローンによって無人で空爆が行われる。そういう意味でも技術的な進歩がある種行き詰まったというか。
坂本 今著しいのは、AIの開発と、エネルギー貯蓄用電池の高性能化と低額化。この二つを考えるだけでも、想像を巡らせられることはたくさんある。AIに取って代わられる仕事は、本当にどんどん出てくるだろうし、大きなシステムで動かしているところほど、受ける恩恵がすごいだろうね。
青木 AIって、発想自体が近代合理性に端を発している。そうなったときに、自分たちはどういう未来を思い描いたらいいのか。やっぱりぼくは、近代合理性を超えたところの合理性を感じること、身体を通じて何を感じ取るかということにヒントがある気がする。人間は身体を持つことは共通しているけど細かな差異があるので、何を感じ取るかは人それぞれ。ある人が当たり前と思っていることが、他の人から見たら全然当たり前じゃないってことがある。

坂本　結局、自己という内宇宙に降りていく作業こそが、人として残されている仕事かもしれないね。降りた先で持って帰ってこられるものは、きっと機械には取って代わられへんところやろうし(5)。

青木　その持って帰ってくるものは、時間や自然じゃないかな。自然は自分の内側にも外側にもあるコントロールできないもの。外側のコントロールできないものに触れることで、自分の内側への触れ方を学ぶことができる。

坂本　ある種の宗教は、それのやり方を教えてくれていたんやね。こうすることでより自己の探求がしやすくなりますよ、と。そういう手引書があることによって人は健やかに生きられたのかもしれない。

今後人が経済的な活動をしなくてもいいような状況をテクノロジーが生み出してくれるのなら、その進歩はすごく歓迎したいよね。そういうものから解き放たれる世界が、もしかしたら俺らが生きているうちに味わえるかもしれないというところまで来ているから。

(5) 自己探求をより効率的に行える場として、山や川、海などがあると思います。養老孟司先生も言っていますが「都市」＝「脳」、「地方」＝「身体(自然)」と捉えると、自己探求は自己の中にある自然を探求する行為となる。山や川などの自然環境はその大きなメタファであり、そこに身を置くことで、自己探求しやすくなります。(坂本)

ＡＩにしてもエネルギーにしても、結局は使い方。ダイナマイトだって戦争に使うこともできれば、山の掘削とかトンネル掘るのに使って人夫が事故に会うのを防ぐこともできる。人がそれをどう使うのかに、ぼくら自身の未来がかかってくるから、ぼくらはいかにこっち側に引き寄せられるかを目に見える形で実現していく必要があるんちゃうかな。

青木　本当に一人ひとりが体現していく必要がありますよね。坂本さんもぼくも、感覚は似ているんだけど、やり方は違う。ぼくの場合は、自分たちの経済や教育を手に入れたい。どこからか言葉を借りてくるのではなく、内側から変えていきたい。

坂本　俺は、いわゆる今メインストリームで動いている連中に対しての回答としての、あまりお金(6)がかからないけれども高い文化性を持った暮らしを実現するというのが、行きたい方向だな。

青木　それをビジュアルで見せるというのが坂本さんの場合は得意だろうし、ぼくは言語を通じてやっていきたい。とりあえず今は二派に分かれて、それぞれが侃侃《かんかん》諤諤《がくがく》やりあったり、手を結んだりしていく中で生み出されていく「物語」を提示していく期間なんじゃないでしょうか。

ベビーフェイスとヒールの戦い(7)を見せられるよう、ぼくら二人で戦っていき

(6) 現在はお金といえば貨幣ですが、お金そのものの概念も変化する可能性がある。貨幣よりスムーズなモノやコトと価値の交換システムが今後生まれていくのではないでしょうか。(坂本)

(7) ベビーフェイス(善玉)とヒール(悪者)の戦いで物語を紡いでいくのは、プロレスにおける基本構図。例：力道山とデストロイヤー、アントニオ猪木とタイガー・ジェットシン、タイガーマスクと小林邦昭など。(青木)

ましょう（笑）。

坂本　俺はどっちかと言うとベビーフェイスやからね。そうやってほんとプロレスみたいに戦う必要があるよね。いいところに落ちたんじゃないの？

「仕事」と「稼ぎ」の境界線

神吉直人×東千茅×青木真兵

二〇一七年十月

神吉直人（かんき・なおと）

一九七八年、兵庫県姫路市生まれ。追手門学院大学経営学部准教授。知識の創造や共有、組織における当事者意識などについて研究している。著書に『小さな会社でぼくは育つ』（インプレス）がある。

東千茅（あづま・ちがや）

一九九一年、大阪府生まれ。雑誌『つち式』主宰。二〇一五年、奈良県宇陀市の里山に移住し、家庭教師などで最低限の収入を得ながら、稲作や養鶏をして自給生活を送っている。

（この収録について）

台風による大雨だったこの日、ルチャ・リブロ脇の川（ルチャ・リバー）の水かさが増す中、土着人類学研究会を行いました。研究会終了後、一休みして目を覚ますと、川は家に迫るほど増水、前の道も冠水していて、ルチャ・リブロは海に浮かぶ孤島のようになってしまいました。急いでかぼす（猫）とおくら（犬）を連れ、公民館に避難したのでした。

青木 今日の土着人類学研究会のテーマは「とりあえず十年先の働き方を考える」です。近い未来に、自分はどんな暮らし方ができていたらいいのかを考えていきたいと思っています。

「働き方」について一言おありの東千茅さんと、「中小企業で働くとはどういうことか」をテーマに本を書かれた神吉直人さんの二人にお越しいただきました。「働くこと」にまつわる固定化されたイメージを解体して、それぞれの「働く」を持って帰っていただければうれしいです。

『小さな会社でぼくは育つ』を上梓された神吉さんは、内田樹先生の社会人ゼミの二期生で、ぼくは二〇〇七年、内田先生のゼミで初めてお会いしました。その後、話せることや話せないこと色々ありまして（笑）、今も仲良くさせていただいています(1)。ご専門は経営学の組織論。組織の中で「暗黙知」がどのように継承されるかを研究されています。

お隣の東くんは、今は東吉野村の隣の大宇陀で畑をしたりニワトリを飼ったり、一人でラジオ(2)を録る生活を送っていますよね。

東 最近、雨が多いから、ニワトリ小屋で鳥たちとしゃべってるんですけど、ラジオではしゃべっているのがぼく一人に聞こえるでしょうね。テレパシーみたいな。

(1) 勉強会「黒ジャコ」も神吉さんに真っ先にお声がけしましたし、神戸に住んでいた頃はマルクスの『資本論』を二人で読む「マルクス会」を喫茶店でやったりしていました。神戸と東吉野と離れて暮らす今も、距離を感じないほどよく遊びに来てくれます。（青木）

(2) Podcast「おむすびラジオ」http://omusubiradio.seesaa.net/

青木　そういう活動をしていると（笑）。台湾やカナダに住んでいたこともあるんですよね。そして中学卒業以来、学校は出ていない？

東　最後に卒業したのは富田林市立第三中学校です。

青木　高校は途中で辞めて。大学も行ったけど途中で辞めて。

東　辞め続けてきた人生です。

青木　と言いながら、弓道で全国二位になった実績も。

ブログ(3)でも発信されていますが、現代社会に批判的なスタンスで「働くこと」に関しても「どうなん？」と。ぼく自身にも同じような思いがあるので、「働く」を根本から考え直す際、東くんの活動はおもしろい起点になると思っているんです。まずは、「働くこと」へのお二人の考えをお聞きかせいただけますか。

(3) ブログ「野性奪還戦線／っち式」http://yaseikaifuku.hatenablog.com/

「仕事」≠「稼ぎ」？

神吉　働くことについて考えるときに、働き方と生き方をどの程度一緒に、もしくは切り分けて考えればいいのか。これは、すごく難しい問題です。ここには若い人がたくさんおられますが、みなさんきっと青木さんに対する興味から来られたんでしょう？　そして青木さんの働き方というより、生き方に惹かれている人が多いんじゃないかと想像します。青木さんは図書館をやっているけど、それを収入源にしているわけじゃない。ここに住むために「社会福祉法人ぷろぼの」で働いている。

ぼくの場合は、大学院生のとき諸事情で就職活動のタイミングを逃しました。その段階で、研究者の道しかないな、と思ったんです。そしてその途中で内田樹先生と出会って、「この人みたいになりたい」と思えるロールモデルを持つことができた。他に選択肢がなかったとはいえ、あの人がこの道の向こうにいるならむしろこれでいいと納得できたという感じなので、働くことと生きることがあまり分離していないんです。ぼくが「働く」というテーマから連想するのは、それが生き方とどう関連するかという問題ですね。

青木　確かにぼくは「人文系私設図書館ルチャ・リブロ」をやってますけど、これで飯を食ってるわけじゃない。生活のために障害者の方の就労支援をしています。お金がないと暮らしていけないからやっている仕事ではありますが、この仕事をすることで、今までできないと思っていたことができる自分に気づけるようにもなりました(4)。

でもそれだけではぼくの中でのバランスが取れないから、図書館運営や大学の講

(4) 就労支援では「自分の取り扱い説明書」を作りましょう、という話をします。「障害」とは自分と社会の間に起こる摩擦だと思うのですが、社会を変えるよりもまずは自分の特性に気がつくと、できることが見えてくる。ぼくにとってこれは他人事ではありません。職場で「支援」と称していることが、全て自分に返ってきています。「自分研究」が好きなぼくには、とてもやりがいのある仕事です。（青木）

師もしている。それで経済的にもなんとか生活できているし、精神的なバランスも取れている。いくつかのことを並行してやるのが自分にとっては健康的なのだと思っています。

神吉　東さんって仕事と生活が不可分みたいな感じですよね？

東　不可分になればいいとは思うんですけど、現状では嫌々働いてます。

青木　その「働く」は、お金を稼ぐってことだよね？

東　そうですね。嫌々ながら塾講師とか家庭教師とか材木屋とかして食ってます。米を作ってるだけでは食っていけない時代ですからね。主食作ってるのに生きていかれへんというのは不思議な話ですけど、「食っていく」っていう言葉の意味が違う。本当に「食べる」だけやったら今でもいける。だから今のところ、ぼくは仕事と稼ぐことが完全に分かれてますね。米づくりは働くことですけど、お金を稼げる仕事ではない。内山節が、昔の山里で暮らす人たちは「仕事」と「稼ぎ」を分けて考えていたって書いてた(5)んですけど、ぼくも同じです。分けているぶん、山の仕事の純度を保つことができている。山の仕事で変に稼いでしまうと、余計なこともせなあかんじゃないですか。

青木　そこはぼくも大いに共感します。「仕事」というとどうしても稼ぎと同義に

(5) 内山節著『自然と労働』農山漁村文化協会、一九八六年、一一三頁。本鼎談では便宜上〈仕事＝ライフワーク／稼ぎ〉という構図で話が進んでしまうが、そもそもここで語られる「仕事」とは、「稼ぎ」とも「ライフワーク」的なものとも異なる「山の仕事」であることに注意。（東）

考えてしまうけれど、そうじゃない。「ルチャ・リブロ」はできるだけお金の原理が入り込まない空間にしたいんです。今日はみなさんにお金を払って話を聞いてもらっていますが、ぼくはそれによって生活しているわけではない。東くんが言ったのは、稲作で得られる「お金」で生活しようとしたら、機械を使わないといけないし、自分のやりたいことからだんだん乖離してきちゃう、ということですよね？

東　でも、今日来られてるみなさんは、仕事じゃなくて稼ぎのほうの未来を考えたいと思ってはるんじゃないですか？

青木　どうなんでしょう、ぼくはあんまりそういう話をする気はないんですが（笑）。

東　ぼくもそのへんを聞かれたら困るんですけど。大して稼いでないし、働きたくないし。

青木　ぼくも「稼ぐ」と「働く」を分けて考えているところがある。でも決して働きたくないわけじゃない。

世のため人のために働いているか

神吉　「働く」と「稼ぐ」の関係も、おもしろいよね。そもそも勤労は憲法で国民の義務に位置づけられている。働くことには「傍を楽にすること」というダジャレがあるように、「誰かのために」という側面もある(6)。社会のためと言ってもいい。一人ですべての必要なことはできないから、誰かが畑を耕したら、誰かが情報を伝えていくという具合に……。

青木 分業(7)ってことですよね。

神吉 そうそう。社会的機能をそれぞれが担うという意味では、皆が働かなきゃならない。でも、それぞれが必要な役割を分担しているはずなのに、実際には稼ぎや負荷に差がある。ぼくの勤める大学の学生の多くは金融系や広告系を志望するけど、彼らの就職の話は稼ぎとやりがいに偏っていて、役割や義務の側面はほとんど意識されてないんだよね。

青木 金融系は明らかにお金をたくさん稼げますからね。我々にとっては天文学的な額を(笑)。

神吉 M&A(8)とか、ぼくらが想像できんような取引額が動くところも多いしね。

青木 そういうところに行きたい大学生は多いんですか？

神吉 金融機関志望は多いよね。

青木 農業したい若者も少しずつ増えてきているそうですが、決してマジョリティ

(6) 二〇一九年六月、『はたらく言葉たち』という言葉集とコラボした阪急電鉄の車内広告企画「ハタコトレイン」がネット上で炎上しました。その企画主旨の中にも『働く』という言葉には、はた(傍)を、らく(楽)にするという意味があるように、仕事を通じた社会貢献を願うのは、日本独自の人生観かもしれません」と書かれていました。「働かせる側」に都合のいい言葉として非難を集めましたが、「傍を楽にする」という言葉自体はそれほど悪いものでもないと思っています。(神吉)

(7) 分業論は、神の「見えざる手」で知られるアダム・スミスが『国富論』の中で説いたピンの製造過程の話が最初だと言われています。(神吉)

(8) Merger(合併)とAcquisition(買収)の略。株式などを通じて、会社や事業を売買する取引のことです。(神吉)

ではない。でもぼくは金融機関に就職してお金を稼ぎたいとか、考えたことがない。

東　まあ、わかりますけどね。金融系に行きたい気持ちの元にある「どうせ働かなあかんねやったら、同じ時間でより多く稼ぎたいよね」という感覚は。ただ証券系まで行ってしまうと、世のため人のためではなくなりますよね。

青木　そもそも世のため人のためとか思って働いている人ってどれだけいるのかしら（笑）。

東　ぼくは思ってないですけど。

神吉　でもみんな、就活の志望動機には書くはずですよ。社会貢献をするためとかって。

東　今の仕事の大半って、あってもなくてもいい仕事というか。これだけモノもサービスもあふれている中で、もはや社会貢献とかじゃなく、お金がないと生きていけないから、生活に必要なお金を稼ぐために無理矢理仕事作って働いてる感じ、めっちゃあるやないですか。だから「もう良くね？　はよベーシックインカム発動せえ」みたいに思います（笑）。機械化されて、人間の暮らしはもっと楽になっていくはずなのに、いつまで働かなあかんのですか。ＡＩきちっとせんか！

青木　あははは、本当にそうですよね。

「稼ぐ」が前提の近代社会を超えるには

青木　最近、ハイデガーの弟子のハンナ・アーレントが近代の成立について書いた本(9)を読んだのですが、フランスには第一身分、第二身分、第三身分があって、第三身分が労働者なんですよね。彼らはたくさん税金を払っていたのに、第一身分は聖職者で第二身分は貴族という特権階級だから、納税をしていなかった。その関係をひっくり返したのが革命だったわけです。第三身分こそが国民だと。そこから近代社会は始まっている。

つまり労働者が近代のベースにはあるんです。だから労働者がどんなに機会を得ても、「労働階級を飛び越えよう」という発想にはならない。いつまでたっても労働者は働くことを前提にして、働くことで稼いだお金で税金を納める、それが「社会というものだ」というところから近代国家は始まっている。

ぼく、それを読んで、「だからAIが発達しようが、便利な機械が生まれようが、人間は労働することをやめないんだな」と思って、すごくがっかりしたんです。近代社会がそもそも「賃金を稼ぐ労働」を前提に始まっていて、大衆一人ひとりのア

(9) ハンナ・アレント著、志水速雄訳『人間の条件』ちくま学芸文庫、一九九四年

イデンティティに組み込まれている。「こういう社会になったらいいな」とか「こういう政治をしたほうがいいな」と考えるためには、そこを超えないといけないんじゃないか。

神吉 超える？

青木 賃金を稼ぐ労働が人々のアイデンティティになっているという現状を超えたい。それが十年後の働き方を考える上で、ヒントになってくると思うんです。

神吉 働き方といえば、青木さんは「働き方改革」(10)の観点から、「十年後の働き方」という言葉に対して、どんなイメージを抱いています？

青木 月並みですが、ぼくは各々が独自のライフスタイルを持てるのがいちばんいいと思っているんです。朝九時から夕方の六時まで週五日働いて土日に休む、というスタイルがすべてじゃない。もうちょっと自分で自分の暮らし方を選択できて、お金を使う生活から一歩引くことができていたらいいな、と。お金を使う場面はここ、物々交換の場面はここ、と分けることができたり。その中の一つが仕事であり稼ぎであり、みたいになれば楽しそうだと思っています。

神吉 すごく理想的な話で、自分もそうしたいです。だけどそこには、さっき挙がった分業の話がかかわってくる。例えば、自分の仕事が影響する同僚が九時五時

(10) この話題を振っておいてなんですが、働き方改革は関連法案だけでも数が多く、論点も様々で未だに理解できていません……。「一億総活躍社会の実現に向けた取り組み」と言われても。(神吉)

で働いているのに、自分だけ夜に働いていたら、直接のコミュニケーションはできない。自分の仕事に関係する人たちのコンセンサスも含めて考えていかないと。また、仮に一つの組織の中でそれができたとしたって、取引先もあるからね。

青木 そういうふうに現状では社会のあり方がガチガチに固まってますよね。ぼくはそれ、単純に良くないと思っているんですよ。

神吉 シンプルに考えたらね。とはいえ、固まった社会のあり方を変えるのは一筋縄ではいかない。だけど、まったく無理な話でもないとも思っています。例えば、みんな風邪ひいたら休むでしょ。でも、そんなに影響は出ないじゃないですか。もっとみんなが豪快に休んでも、世の中回っていくんじゃないの？　ってところがある。

青木 というか、仕事のために仕事を生み出している部分がたくさんある。

東 もともといらん仕事やから休んでも。

神吉 うちの大学にも「週に何回出校」というルールがあるんです。ぼくは家で研究したい。神戸の家から大阪・茨木の大学までは電車で一時間くらいかかる。移動は疲れるし、その時間机に向かうほうがはるかにパフォーマンスは上がる。なのに出なければいけない。それでも普通のサラリーマンよりはずっと自由なんだけど。

こんな話って会社にも山ほどあるでしょう。固まった感のある社会を緩めるための「働き方改革」であればいいんだけど、実際はね……。

仕事=しんどいもん、でええやん。

青木　じゃあ現状をどうしたいと思います？

東　働きたくはないって言ってますけど、働かなしょうがない以上、何かの仕事は選んでやらなあかんわけですよね。だったら、よりマシなものを選んでいきたい。最低限の稼ぐ仕事をやりながら、畑、田んぼをやり続けられたらなとは思います。そんなもんですよ。十年先、わからないです。明日さえわからない。

「十年先の働き方」というテーマに対して、じゃあ十年前の自分はどう思ってたかって言うと、今の生活は想像すらしていなかった。十年前は、十六歳。高校入りたての頃なんか、何も世の中のことわかってないし、目の前のことで精一杯。幼

かったのもありますけど、二十六歳の今、この先の十年を見通せるかというと全く見通せない。大して変わってないなと思います。

働き方がどうのっていう本やらイベントやら色々あるじゃないですか。ああいうノリって、「働く中で自己実現しようと思いすぎちゃう?」と思う。無理矢理、仕事=生きることって捉えすぎんほうがいいんちゃうか。別にもう「面倒くさいけどやらなしゃあないこと」、しんどいもんでええやん。ぼくが楽しい仕事に就いたことがないからそう思うのかもしれないですけど。

青木　何してるときがいちばん楽しい?

東　ニワトリとしゃべってるときですね。あとは田んぼ仕事の最中にイモリが出てきて「かわいいな」とか。ぼく基本的に人間嫌いなんですよ。他の生き物のほうが好き。仕事ってだいたい対人間だから楽しいわけがない(笑)。

青木　そうか、そもそも仕事が対人間のものに限定されすぎてるのね。

東　木に話しかけて木がお金くれるならやりますけど。

青木　街だと最低でも八～九万ないと暮らせない状況がある。家賃を代表に、必要経費が高いことに問題があると思うんです。だからお金を稼ぐために仕事をする=人間とかかわらなくちゃいけないってなる。必要経費の額が下がったとしたら、どうなるだろう。

東　相互扶助的なコミューンとかですか？

青木　いやいや。東氏だったら、自分のとこでとれた野菜と米とニワトリとでやっていけば、必要経費は下がってきますよね。そしたら仕事や生活に対するスタンスが、「仕事しなくちゃ！」と思ってる人よりも柔らかくなってくるんじゃないかな。それが選択可能性の増大につながってくるのではないかと思うのですが。

東　今も選ぼうと思えば選べると思うんですけどね。だって日本中、畑も田んぼもいっぱい余ってる。空き家もいっぱいある。

青木　でもやっぱり都会は便利だから集中しちゃう。そうすると土地や空き家がたくさんあるという情報が入ってこないし、そもそも都会に住む人にとってそんな情報は必要がない。さっき東氏は十年先はわからんって言ってたけど、その生活を十年間続けてほしいんですよ。

東　たいして変わらんと思いますけど。

青木　現代社会で「たいして変わらん」ということ自体に、ぼくはすごく未来があると思ってます。

神吉　鶏が増えて、売ってはるかもしれんし。

東　それはないと思いますね。

青木　ニワトリ小屋に住んでるかもしれない。

東　それはあると思います、十分。ぼくが鶏に飼われてるかも。

神吉　カフカ的に朝目覚めると（笑）(11)。

東　「俺、主人や」と思ってたら「ハッ！」みたいな。

青木　そうなるっていうのが理想ですよね、ぼく自身も。

ニワトリに飼われる

東　今だってぼく、ニワトリに飼われてるんですよ。個体レベルでみたらぼくのほうが主人ですけど、遺伝レベルでみたらニワトリの遺伝子にぼくは利用されてる。わかりますか？

青木　わかりません（笑）。

東　個体を潰して食べることはあるし、エサをやって大きくなれよみたいなこともある。でも肉としても見てるんです。名前はニックだし。

神吉　一羽しか飼ってないんですか？

(11) 「ある朝、グレゴール・ザムザがなにか気がかりな夢から目をさますと、自分がベッドの中で一匹の巨大な毒虫に変わっていることに気がついた」フランツカフカ著、山下肇訳『変身』岩波文庫より

東　今、五羽います。「ニクオス」「ニクメス」、総称してニックです。個体レベルで見たらぼくが主人なんですけど、個体を殺すことはあっても全滅はさせない。ってことは、あいつらの遺伝子存続にぼくは利用されてるって見方もできる。

青木　ニックたちへの依存度が上がれば上がるほど、遺伝子に飼われていると言えるのね。

東　だってよう考えたら、ぼく、晴れの日は必ず朝夕田んぼ行って、ペットボトルにイナゴ捕ってるんですよ。それをニックにあげてるんですけど、「あ、奴隷や」って思うときありますもんね。でも野菜なんてそうですよ、あいつらの戦略すごい。人間に育てさせる。完全に取り込まれてる。

青木　なんかそれって革命の話みたい。革命っていうのは下の身分だといわれていた人たちが逆転した社会現象ですけど、生物界の頂点に人間が立ってるって思っているのがいけない。遺伝子レベルでみたら、もしかしたらいちばん人間は下なのかもしれない。

大きな存在のために働きたい

神吉　作り出した仕事に働かせられることにも似てますね。ぼくらが仕事を作って、それをやっていると思っているけれども、逆に仕事に働かされて。なんなら、やらんでもいい仕事にすら働かされている。

東　ぼくは喜んでやってるんです（笑）。喜んでエサやってるんですよ。他の生き物に利用されることに喜びがあるんですけど、働かされることには喜びはない。

青木　喜びを感じないのは、人間によって働かされているからじゃないですか。

東　なるほど。人間嫌いやから。

青木　だって人間はそもそも同等なはずじゃないですか。偉いとか偉くないとか、健常者とか障害者とか、本来はない。にもかかわらず人間界で上下関係ができていること自体が不自然。使われるんだったら人間にじゃなくて、もっと大きなものに使われたい気がしますよね。

東　神とかですか？

青木　何を神と呼ぶかは民族や文化によって違うだろうけど。周囲の自然なのかもしれないし、一神教的な神なのかもしれない。

東　今のぼくらの不幸は、神が死んでる不幸。自分より大きな存在がない不幸。

神吉　大学教師の立場で考えると、ぼくは学生に使われるのは嫌いじゃない。特に勉強のことで使ってくれたらなんぼでも仕える。自分より大きな存在としての「学生の可能性」というものに仕えるとしたら、それはいいな。だけど今の大学生は自分たちの可能性を信じていないように感じるから、その意味では神が死んでいるのかもしれない。

東　目の前の人のためになってるって、その場で実感できる仕事ならいいと思う。ただ今の世の中には、誰のためになっているかが見えにくい仕事ばっかりで。

神吉　気に入らん上司の機嫌をとるためだけに働いちゃってる人もいるしね。

東　ぼく、家庭教師やってますけど、結構楽しい。やりがいを感じます。目の前に子どもがいて、自分のやったことがすぐ跳ね返ってくる。こういう仕事やったらまだやれると思います。

都市の時間、田舎の時間

神吉　以前、企業の人と話していたとき、「今の若者は跳ね返りを待てない」と言っていたのを思い出しました。自分たちが作った製品が納品され、誰かが買って、評判が聞こえてくるまでにはかなりの時間がかかる。お客様の声を直接聞けたり、上司に成長を褒められたりする場面もなくはないけど、基本的にレスポンスは遅い。成果が給料に反映されるのも後のことだし。

今に始まったことじゃないかもしれないけど、最近は顕著に跳ね返りを待てなくなっていると。やりがいや喜びを感じにくい原因のひとつは、直接の反応が即座に得られないことかもしれないよね。

青木　メールやLINEの普及で、フィードバックが即座に返ってくる状況に慣れすぎてしまっているのかも。待つことの重要性は鷲田清一先生も言ってましたけど(12)、本当に他人事じゃないと感じます。

街に住んでいたときは、すごく短い時間スパンで暮らしていて、それが普通だと思ってた。でも村に越してきたら、時間スパンが長くとれるようになって、待てるようになったんです。こんな図書館にどんな人が来てくれるかわからないけど、待てるようになった。街だとなかなかできなかったでしょうね。家賃が高いとか現実的な理由もありますけど、やっぱり自分の心持ちとして。

林があって川があって、それらは毎日変わるわけではないけれど、決まった周期で同じリズムで変わっていく。同じリズムで変わることをきちっと実感できたから、来年もこれが来るんだ、と安心して待てるようになったのかな。

(12) 鷲田清一著『待つということ』角川選書、二〇〇六年

東　「待ってたら何かいいことが起こる」という保証があるから待てるってことですか？

青木　かつては数字で数えられるものにしか「いいこと」認定をしていなかった。でも今は、「いいこと」は数字では表せないものでもいいんだという実感を得ている。だから東氏が「ニワトリと話すのが楽しい」と言うのを聞いても、「あ、うんうん」ってわかる。「え？　ニワトリと話せるわけないじゃん」とか言う社会ってすごく不健全。東氏のような「変な人」が生きられる社会のほうがいいじゃないですか。

貨幣と距離をとれる彼岸をつくる

神吉　たくさん話しかけたニワトリのほうがおいしくなったりするんですかね？

東　話しかけておいしくなるとは思わないですけど、鶏に話しかけるということは、その他の面でも大事に育てているってことですから、結果的においしくなるとは思いますね。

青木　急に正論を言いましたね（笑）。

東　お金はいりますけどね。

神吉　そういう鶏ならちょっと高く払ってみたい。

東　でもニワトリを売りたいとは思わない。貨幣換算されたくないです。ホンマに貨幣換算したら相場の何倍もつけることになってしまうけど、それでも嫌ですね。

中沢新一さんと明治大学の農学部の教授がしゃべってる動画がYouTubeに上がっていたんです(13)。中沢さんの知り合いが大根を育てているらしいのですが、収穫物を売る段になって一つ一〇〇円の値段しかつかないことがわかって、「なんでやねん！」となった。それめっちゃわかるんですよ。自分としては一〇〇〇円は下らんだろうって思ってた大根が。

だからぼく、お金を稼ぐ仕事は、畑とか田んぼよりも適当にやってます。適当にやらないと、貨幣換算されるときに腹が立つ。一応ちゃんとしますけど。

青木　なんとなく見えてきた問題は、お金ですね。福祉や教育の仕事なんてめちゃくちゃしんどいにもかかわらず、給料がめちゃくちゃ安い。その一方ワンクリックで膨大なお金を稼いで、南の島で悠々自適に暮らす人もいる。

ぼくらはこの図書館を「彼岸の図書館」と呼んでいます。お金とできるだけ距離をとった世界を表現したいんですよね。お金にかかわらない「ルチャ・リブロ」で

(13)「Vol.2 特別対談 中沢新一×佐倉朗夫『「農」と「農業」』2012.10.21」https://www.youtube.com/watch?v=GaTiTEdvAoM 十二分四十秒付近（東）

過ごしたら、また橋を渡って、お金とズブズブの関係にある社会、此岸の世界に戻っていく。こういう二つの次元を行ったり来たりできることの重要性が、今後すごくたいせつになってくるのだと思っています。

というこでもうお時間になってしまいました。

神吉 話してみて、余計働くことについて語ることがわからなくなりましたね（笑）。けど考えていくお題をもらえました。若い人たちにどういう印象を残したのかは気になりますけど。

東 やらなあかんことは頑張ってやって、あとは適当でいいかなって再確認しました。

青木 我々の話は、すごく偏っているけど、その偏りをおもしろいと思ってもらえれば。

東 三人ともまともに就活したことないですよね。

青木 うん、ぼくはただの一度もない。

神吉 ぼくは少しだけしました。

東 ぼくも一日だけしました。合同説明会にスーツ着て。ここにいてはダメだ、人間が廃れると（笑）、二十分で帰りましたが。

青木　（笑）そういう人間がしゃべっていたということで、ご容赦ください。またみなさんのご意見をお聞かせいただければうれしいですね。それでは今日の研究会を終了します、ありがとうございました。

優しさ問題

青木海青子

弱者や生きづらさについて考えるとき、「優しさ」や「配慮」「思いやり」「気遣い」といったキーワードを耳にすることがあるのですが、これには少し危うさを感じます。「ルチャ・リブロ」は生きづらさを抱える人が多く訪れる場所ですが、私たち自身は優しくないし、気配りも行き届かない、気の利かない人間です。館長（猫のかぼすさん）がいちばん優しいかもしれません。でも、それで良いのではないかと。

例えば困難を抱えた人の支援施設で、少人数の職員が過密シフトで支援に当たり、余裕がなくなってきたら「利用者への優しさが足りない」と言われる、みたいな状況には違和感を感じるし、持続性に無理があると思ってしまいます。「優しさ」や「思いやり」といった感情は搾取・強奪できるものではないし、感情をもってして身体や適性、能力、場所の限界を超えろ、というのは、根性論に他なりません。

支えられる人と支える人は、入れ替わることもあります。私はルチャ・リブロでは司書として本や情報を探すお手伝いをしていますが、身体的には脚が悪いので、介助を必要とすることがあります。それでも自分よりしんどそうな人がいれば、必要な手伝いをしたり、自分が率先して動くこともあり、その関係性は流動的です。自分では、支えを必要とする側にも誰かを支える力があると思っています。弱さを武器にお尻に根を生やし、人の優しさをもぎ取り続けることだけは避けたい。

生きづらさや弱さに向かい合うときには、支えられる側も支える側も、お互いが感情のある人間であるという認識を持ち、「正しさ」より「楽チンさ」をものさしに落としどころを探せたらいいんじゃないかな、と思っています。ルチャ・リブロは支援施設ではありませんが、名だたる歴史家や文人が本を通して「人間とは何か」と教えてくれます。そういう意味で、当館は優しい場所ではなく、視野を広げられる場所なのかもしれません。本の著者も、館員も、来館者も、変な人ばっかりなもので。

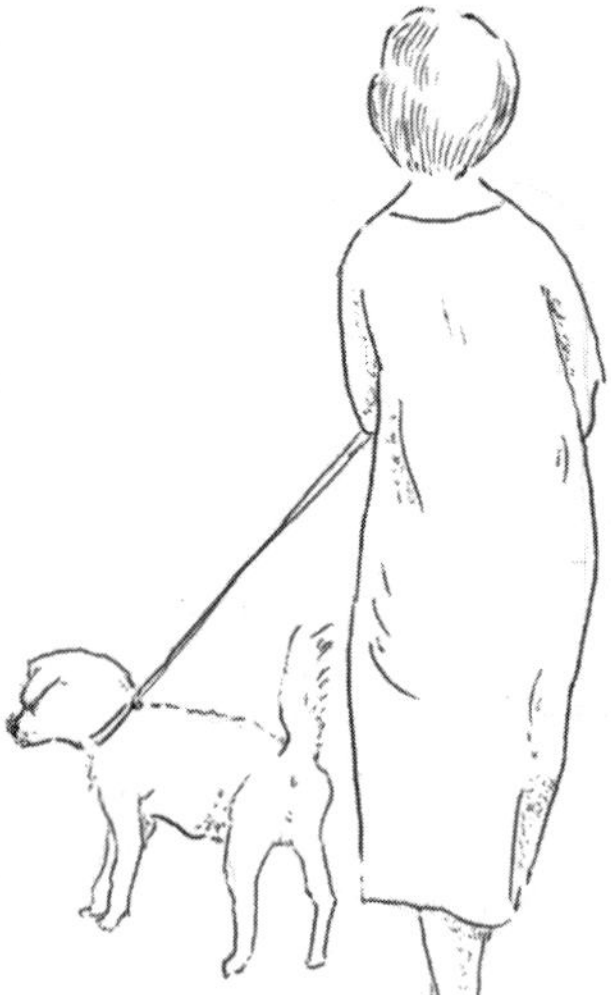

3 土着の時代へ

生命力を高める場
光嶋裕介×青木真兵

二〇一八年五月

（この収録について）
奈良県大和郡山の書店「とほん」と「オムライスラヂオ」が協同で著者を招き、オムラヂ公開収録の形で話を聞く「オムラヂとほん」第一回。この新たな試みのスタートにはエネルギーを持った方がふさわしいということで、真っ先にぼくの頭に浮かんだ「高エネルギーな人」、光嶋さんをお呼びし、やなぎまち商店街内・元「ふくせ」にて収録しました。奈良は光嶋さんが幼少期を過ごした地でもあるのです。

青木　みなさん、こんにちは。今日は建築家の光嶋裕介さんに、神戸からお越しいただきました。
　ぼくは自分の持っている資源を他人と共有することによって風通しの良い社会を作っていくことが今すごく必要だと感じているのですが、そのモデルとしていつもイメージしているのが凱風館なんです。今日はその凱風館を設計なさった光嶋さんに、「生命力を高める場」をテーマにお話を伺いたいと思っています。

成長社会から定常社会へ

光嶋　まず建築の原点である住宅を通して、住まうということについて考えてみたいと思います。家における時間の過ごし方というと、まず思い浮かべるのは「寝て食べること」、寝食ですよね。でも家という場所には、もちろんもっと多くの営みの「可能性」があります。
　昔は大家族による職住一致が基本で、農家なら家のすぐ外に田畑がありました。職場にすぐアクセスできるから、家で米の脱穀や干し柿作りといった食にまつわる「生産」活動が行われ、小さな仕事が住宅の中でちゃんと成り立っていた。そこから隣人たちとの物々交換という具合に、貨幣を介さない経済が展開され、それをベースにした大きな家族としての「共同体」が成立していたのです。住宅は多様な生活の器であり、住まい手たちは自然とダイレクトにかかわりながら生産していたんです。

ところが戦後の高度経済成長期、働く場所の中心が都市に移ります。オフィスで働くサラリーマンにとって住宅は妻と子どものためのものとなり、「生産すること」からきっぱりと切断されてしまった。都会で効率的に働いて、家では寝るだけ。核家族化し、「一つの住宅には一つの家族」という最小単位に閉ざされた構造がいつの間にかスタンダードとなりました。都市の人口が過剰に増加し、需要と供給のバランスが歪むにつれて、土地の値段が高騰したために、庭付き一軒家は夢のまた夢、住宅は物理的に上に伸びていくしかなくなり、建ぺい率と容積率を最大化した高層マンションが林立していきます。タワーマンションだらけの東京の風景は、都市の必然的な帰結と言えるのです。

そのような右肩上がりの成長の時代が日本を立派な経済大国に持ち上げたのは事実ですから、一概に否定する気はありません。でもいまや二十一世紀です。人々の働き方は多様化し、男女というジェンダーや一家族一住宅という考え方も壊れ始めている。もう古い枠組みにしがみついているだけでは幸福を感じられなくなっているのではないか。

かつての成長社会モデルが破綻し、社会が縮小していく中で、我々はどうすれば生活の中に新しい豊かさを発見し、その価値観を他者《ひと》と共有することができるのか。縮小することを悲観的な意味ではなくポジティブに捉え、真剣に考えなければならない時期に来ているのではないでしょうか。

そんなことを考えていたときに、ぼくは内田樹先生と出会いました。今までは交換を最大化することでしか幸せを測れない自分がいたけれど、内田先生から交換しない喜び、見返りを求めない「贈与」のたいせつさに気づかされたように思います。合気道との出会いも大きかった(1)。

青木　今日のテーマは「生命力を高める場」ですが、「生命力を高める」という発想は、合気道をしたことがあるとピンと来るんですよね。

今おっしゃったように、社会経済モデルの変化に注目することは重要です。従来の「成長」を前提にした社会では、働ければ働いたぶんだけ報酬がもらえたから「等価交換」は都合がよかった。でも今はもう違います。経済は成長には向かっていない。

(1) 学生時代から内田樹先生の著作のファンだったぼくは、先生の自宅兼道場である凱風館を設計させてもらい(詳しくは拙著『みんなの家』に書きました)、完成後まもなく合気道を学ぶようになりました。(光嶋)

経済成長に頼れないぼくたちには何があるのか。その一つの答えとして、「生命力を内包した身体」があるのではないかと思うんです。

建築は人間である

光嶋 大学で建築を勉強し始めて最初に抱いた素朴な疑問が、「空間とは何か」ということでした。これは建築における根源的な問いです。一般的には建築そのもの、床や壁といったハードそのものが空間だという人と、ヴォイド（空隙）、つまり隙間である空気こそが空間だという人の二種類がいますが、ぼくにはどちらもしっくりきませんでした。

建築家として独立して十年が経った今、ぼくなりに出した建築の大前提は、「人間がいる」ということ。空間とは、人間がいなければそもそも存在しない。ハードであれヴォイドであれ、人間が知覚することで初めてそこに「空間」が立ち上がる。この知覚することができるということこそ、まさに「生命力を内包した身体だと思うのです。「生命力を内包した身体」が空間と対話することで、私たちの「生命力」がわき起こる。気持ちのいい空間では生命力が上がり、パフォーマンスも向上する

けれど、嫌な空間では生命力は吸い取られ、パフォーマンスも下がってしまう。だから、人間と空間は本質的に常に相互に作用し合っているのだ、そう理解するようになりました。

建築は人間である。そう気づいたときから、ぼくは人間の身体性とは何か、空間とリンクする自分のセンサーって何なのだろうと考えるようになり、その答えを合気道に求めて探し始めました。そのヒントが「生命力」という数値化できないものにあると感じています。

「見えないものを見ようとする」こと(2)。これは、ぼくがいちばん大事にしている「窓」の一つです。第六感とか幽霊とかの話じゃなくてね(笑)。建築家のぼくの仕事は、少し先の未来を想像して、クライアントに「こういう未来を一緒に作りましょう」と提案することです。過去にどんな人たちがどんな夢を紡いでその空間を可能にしたか、この場所にはこれからどんな可能性が眠っているのか……。人と空間に対する「敬意」をたいせつにして、建築と向き合っています。

(2) ぼくは子どもの頃から絵を描くのが得意だったこともあり、視覚中心的に物事を考える癖がありました。けれども合気道を通して「気」を意識するようになり、「見えないもの」のたいせつさを知ってからは、そうした超越的な存在との回路を持つよう日々心がけています。(光嶋)

誰にも「対話」の能力がある

青木　光嶋さんのご著書『建築という対話——僕はこうして家をつくる』(3)でおもしろかったのが、「対話」という言葉にメタファーとしての対話と、文字通りの対話、二つの意味を見出していたところです。

「建築」は、その中に入る人間や周りの自然環境を含んだ「全体」として観る必要があるし、建築の中と外は相互に影響を与え合っている。つまりインタラクティブだということ。もう一つは、光嶋さんがクライアントと実際にものすごく「対話を重ねる」ということ。こんなに話し合ったり影響を与え合ったりしながら建物をつくっているのかと、驚きました。

光嶋　あの本はまさにそうした意図でつけたタイトルなんです。「対話」を成立させるためには、常に「他者への想像力」を働かせていなくてはならない。他者への想像力の鍵は「正解」がないということです。他者のことは、自分の想像力をもってしか想像することしかできないので、決して「わかり合うことはできない」という謙虚な気持ちが土台にあるわけです。

設計の打ち合わせでも雑誌のインタビューでも、みんな枕詞のように「私は建築

(3) ちくまプリマー新書、二〇一七年。生命力のある建築のために必要な哲学についてわかりやすく語っている。

の素人ですから」って言うんですよね。気持ちはわからなくもないけど、それでは自分の空間に対するセンサーを半分放棄してしまっている。自分の身体が感知できるはずの空間からのメッセージへの可能性、空間と対話する「窓」を閉じてしまっている気がする。

ぼくは設計者として、基本的には「自分が住みたい家」という基準で物事を考え、対話を重ねることが重要だと思っています。いつも「誰にだって空間や建築と対話する能力はありますよ」というメッセージを伝えたくて、対話しながら施主の背中を押しているつもりです。

例えば人間の命のはじまりまでさかのぼって考えるとします。母親の胎内で十ヶ月間を過ごし誕生する瞬間には、「ここまでが自分」であるというはっきりとした境界線という認識がありませんよね。このまっさらな状態がいちばん生命力の高い状態ではないかと思うんです。というのも、今一歳のぼくの娘がまさにそんな感じなんですよね。周りの世界とのはっきりした境界がなく、環境と身体が自然と溶け合っている。まだ言葉を発しないので想像するしかありませんが、こういう「無」の状態のときには対象に同化してなめらかに接することができるから、ものすごく自由なんだと思います。

青木　光嶋さんは建築家を名乗っていますが、家をつくるだけではない。スケッチもするし、ドローイングも描く。そういう「一見関係のないこと」に全力投球するというのは、生命力の高い状態でないと難しいのではないかと思います。ぼくも、古代地中海の研究をしつつ、「オムライスラヂオ」を配信したり、プロレスのトークイベントをしたり、障害者の就労支援をしたりしています。それらすべてが自分の中では連環の内にある。

身体を取り戻す

青木　ぼくは平日は精神障害者の就労支援をやっていて、統合失調症や発達障害の方、うつの方と接しています。かれらは自分の思うように身体を動かすことができない場合がとても多い。自分と他人の境界が分かれすぎているんです。ぼくは頭と身体をできるだけ一致させてもらえたらと思い、訓練に合気道を取り入れています。「分ける」というのは合理的で、近代的な思考法ですよね。でも現代はその思考法に限界が来ている。だから脳じゃなくて身体の感覚を取り戻すことによって、両者の分離を和らげる。身体を自分で感じられるようになれば無理をしなくなるし、長い目で見て「働き続けること」ができるようになると思うんです。

光嶋　ぼくは三年ほど前から能のお謡を習い始めました。能楽師の安田登先生(4)とご縁ができて、この人から学びたいというシンプルな動機もあったし、漢字が読めず古典が理解できないという帰国子女ならではの劣等感を解放したい気持ちも強かった。

あるときのお稽古で、安田先生が「肝が座っている」という状態について話されました。かつてはお腹の丹田あたりが「心」だったそうです。ぼくらが子どもの頃は、心といえばハート、心臓というイメージでしたが、今では「脳」まで来ちゃっている。肝にあった心が、心臓からさらに脳まで上がって、ついには人間の身体から飛び出してコンピュータになる時代が来るのではないか。

青木　AIの急速な発達を見ても、心が私たちの身体から出ることで自由な社会が来ると思っている人がすごく多いんだなと感じます。

光嶋　内田先生が先日道場でおっしゃっていましたが、人間は脳で考えながら自分をモデルに身体運用をしようとするんだそうです。だから合気道を習い始めたばかりの人は動きが機械的で固いんだ、と。会社では役職つきの偉いおじさんほど、身体がガッチガチだと。それは、彼らはコンピュータ的思考による身体運用しかでき

(4) 安田登(一九五六〜)下掛宝生流能楽師。「論語」「平家物語」「古事記」などを学ぶ寺子屋「遊学塾」を全国で開催するなど活動の幅は広い。著書に『能　650年続いた仕掛けとは』(新潮新書)、『異界を旅する能　ワキという存在』(ちくま文庫)など。

ず、すべてが〇と一のデジタルな世界で生きているから。

でも、実際のぼくたちの身体は機械とは全く違います。この関節が動いているからこの腕が動くとかいった分節的なものではなく、腰が入ると体幹を意識するように、身体全体が流れのように「連動」している。合気道の稽古を続けていると、それが少しずつわかってきます。ぼくたちは、手の動きを指摘されると足が止まっちゃう。それは機械のように身体を動かそうとしてしまう癖が染み付いているからだ、と内田先生に言われて、ハッとしました。そうか、本来世界はきわめて多様で複雑なのに、現時点の機械を真似てしまうせいでパラメータが減り、かえって不自由になっているんだな、と。ぼくたちの身体よりも機械が複雑化する時代はいつか来るかもしれませんが、それはシンギュラリティが起きた後のことでしょうね。

話を建築に戻すと、設計ってすごくパラメータが多いから、建築家一人の知識量や経験値はどうやってもビッグデータには敵《かな》いません。でも生身の建築家には、ビッグデータにはできない設計ができるんです。「俺こんな家も知ってる」「あんな家も知ってる」という歴史家的な知識量ではなく、人間としての身体感覚にもとづいた意思をもってデザイン（選択と決断）することができるからです。コンピュータには身体がありません。データは無味無臭。どのパラメータのどの部分を拾い集めて、それをどのように「統合」していくのかという設計行為はきわめて有機的なプロセスであり、機械が最適解を弾き出せる方程式とは異質なもののはずです。

ロジックの違う場を往復してみる

青木　福岡伸一さんの『世界は分けてもわからない』(5)という本があります。◯と一を繰り返して、どんなに世界を分けたとしても真理は見えてこないという。じゃあどうしたらいいいいのか。ぼくは少しバックすることが大事なんじゃないかと思います。バックすると、全体像や背景を捉えることができます。そのときパッと見えたヴィジョンが、その人にとっての「本当」なんじゃないか。

ぼくは二年前に兵庫県西宮市から東吉野村という過疎地に引っ越しました。常に川の音が聞こえる場所に来て、時間の感覚が変わりました。

それまでは「何かをしないといけない」と常に感じていたんですね。論文を書かなくちゃ、専門書をもっと読まなくちゃ——つまり自分の立場や職業にとって得になることをしなくてはいけなくて、それ以外のことをするのは無駄だと思っていた。研究者としてステップアップしようと東京と関西を行ったり来たりしていて、体力

(5) 講談社現代新書、二〇〇九年。人が無意識に陥る思考の罠に切り込む、ベストセラー『生物と無生物のあいだ』の続編。

的にもしんどかったのですが、そういう身体の声は無視していました。とにかく前だけを見て、自分にとって必要なのはAとBどっちなのか、常に選択を強いていたんです。そうした中で身体を壊し、村に引っ越す決断をした。

東吉野村で開いた「人文系私設図書館ルチャ・リブロ」にたどり着くには、まず橋を渡る必要があります。ぼくはこれを此岸と彼岸と呼んでいて、「ルチャ・リブロ」は現代の価値観が通用しない彼岸だと思っている。その橋を渡って毎日通勤しているぼくは、此岸と彼岸を「行ったり来たり」していることになる。そういうのってすごく必要じゃないかなと思っています。

現代社会は〇と一のロジックで動いていますが、どこかに「現代のロジックが通用しない」彼岸的な場所があったら、みんな健全に過ごせるんじゃないか。あの世にだけ行ってしまえば死者になりますが、ロジックの違う場を往復することによって、もうちょっと肩の力を抜くことができる。

単一のロジックで動いている世界の場合、その尺度が自分に合わないと、すごくしんどい。そんなとき、もう一つ違うロジックの世界を持ってみると、よい意味でいろんなことを自分が心地よく感じるようにコントロールできる。東吉野に越してみて、そのことを実感しています。

光嶋　今の話はまさに、真兵が自分を開くことによって対話を積極的に起こし、他者と結びついていることの表れだよね。他者との接続による自己の解放。複数の仕事を同時にしていることにも関係していると思うなあ。

違いを抱えながら同居すること

光嶋　みんなが真兵の生き方に共感するのは、一つのマニフェストとして強度があるからだと思うんだよね。「真兵くんが新しいことにチャレンジしてるから、俺もやってみよう」とか、「真兵くんが吉野に行ったのなら、俺は淡路島の田舎に行ってみようかな」とか。どういう影響であれ、共同体の中に健全な動的平衡が起きている。

きっかけは何であれ、生身の人間と人間が交われば対話が生まれる。でもそのとき、やっぱりマジョリティが強いから、あるいは都市の論理が勝ってしまうし、多数決で勝ったんだから民主主義だ、という結論に陥りがちになる。多数派が数にまかせて少数派を論破するのではなく、むしろ開いていくことの普遍的な豊かさ。違いを内包しながら、それでもなお同居していける方法を探り続ける強さが必要になるんじゃないかと思います。

排除の論理は、どの分野でもイージーな統一感しか生まず、ときに危険です。例えば、上から下まで同じデザイナーの服しか着ない人っていますよね。ぼくも三宅一生さんの作る洋服が好きだし、服づくりの哲学がカッコいいと思っています(6)。でも、何かを選択していることは同時に何かを排除していることでもあると、どこかで忘れてしまってはいないでしょうか。

イージーな統一感は、ともすると排他性を強めて、人や物の分断を進めます。さっき真兵が言っていたように、一歩引いた場所から全体を見てみると、「あれ、イッセイミヤケ以外もあるじゃない？」と気づくはずなんです。それは、イッセイミヤケを否定することではなく、他の可能性への気づき。特に多数派の人は、そのことを忘れ、無批判で盲目的になりがちだと思う。ある種の思考停止状態。

もしみんながイッセイミヤケを着ている中で、一人だけブランドもわからないような古着を着たとしたらどうだろう。浮いちゃうだろうけど、マイノリティとしての自覚が芽生えてくるのではないでしょうか。この「自分が少数派である」という自覚を持てば、他者のマイノリティ性も「いいんだよそれで」と寛大に受け入れられる許容力が備わってくると思うんです。そうすれば、大勢の同類と一緒にいると

(6) 建築家には特定のブランドの服しか着ないとか、襟なしのシャツを着るとか、こだわりのスタイルを持つ人が少なくありません。それはとてもカッコいいと思うのですが、ぼくはもっと雑多なものが同居した状態がよいと思っています。建築家の吉阪隆正さんが提唱した「不連続統一体」というコンセプトに深く影響を受けているのです。(光嶋)

いう方法以外で、人と人の活き活きした対話を生み出すことができると思います。

青木 そうですね。ぼくには、マイノリティ側からじゃないと、世界は見えてこないと思っているふしがある。

ぼくの研究している古代地中海世界には、かつてローマとカルタゴという二大強国がありました。カルタゴはローマに負けたため、自分たちの史料も残せなかった。つまり敗者を見ることはすごく難しいんです。でも敗者側を見ずに勝者だけ見ていたら、取りこぼしがすごい。ぼくはそっちのほうが気になっちゃう。

今も障害者の就労支援をやっていますが、社会はどうしても健常者と障害者という枠組みで区別されている。その区別の良し悪しというより、その枠組みがどんな根拠で生まれたのか、枠組みを作ることによってどんな社会の形がめざされているのか。そういうことを考えるのがとても楽しい。

都市VS農村も全く同じです。ぼくが東吉野村に越して非常にハッピーに過ごせているのは、村からだと都市の論理がはっきりと見えるからなんですよね。都市の論理はいわゆる交換の論理。お金を使っての等価交換のスピードは、IT化によってさらに増している。一方、村はとにかくスローです。それがいいとは一概に言えませんが、ゆっくり進めたほうが良い話もある。

マイノリティとマジョリティの違いを踏まえたうえで、循環させたい。そのためには風通しを良くすることが大事。入口と出口を常に開けておけば、さまざまな要素が入ってきて、選択肢が増えてきます。選択肢が増えることは自由につながるし、人は自由を感じると生命力も高まる。「ルチャ・リブロ」はそういう自由を感じられる場所にしたい。経済原理だけで計られる現代社会とは別の価値観が生存できる場所にしたいなと思っています。

不在の可能性

青木　それから、『建築という対話』の中で特に個人的にうなずいたのが、睡眠の話なんですよ。

「睡眠が人間の身体を整えるように、空間もまた寝ることで整えられていると考えると、先に述べた『生命力のある建築』というものは、人間が不在のときにこそ仕込まれているように思えてならないのです」(7)。

光嶋　今いるこの建物、元「ふくせ」は、長く使われていなかったものを、こうしてまた使おうとしていますよね。長い睡眠の後に新たに起こされて、今使われ始め

(7)『建築という対話』、二三二頁。

ている。まだ寝ぼけているかもしれません。

人の不在は、建物を廃墟の方向へ導きます。人がいないと空間の生命力は瞬く間に落ちるのです。でも細かく考えてみると、廃墟になるほどではないけれど「睡眠」している空間は、生きている家の中でもたくさんある。お風呂なんて一日一度しか使いませんよね。入っていないときの風呂場とはどんな空間なのか。いつもと違う時間に入るお風呂には、どこか秘密基地感があるでしょう？

アメリカやカナダで住んだ家には地下室がありました(8)。セントラルヒーティングとしてのボイラーが置いてあり、ガレージのようになっていました。ときには弟とホッケーをやって遊ぶこともできた。家の中でも「オン（起きる）とオフ（寝る）」がはっきりした空間だったなあと思います。本来の家の魅力って、そういうふうにいろんな行為を住みながら住まい手が開拓できることにある。言い換えれば、「寝ている」空間を見つけて自ら「起こす」こと。そうして新しい行為を発見することが、身体の持つ生命力と反応し、家の中での時間をより魅力あるものに育てていく。そう考えると、逆に空間は「寝ること」で生命力を蓄えているのではないかと考えるようになりました。

そのときにたいせつになってくるのが、やはり身体感覚です。自分の身体感覚の

(8) 地下室はもともとボイラーなどの機械室だったのですが、日曜大工の工房になったりと、ガレージ的にも使えたのが印象的でした。（光嶋）

すべてを理解できるわけではありません。むしろ、そのほとんどはなぜそう感じるかが自分で「わからない」にもかかわらず、身体自体は問題なく機能している。この「わからなさ」という不確定要素を持った自分の身体との対話を通して、自らの住空間を生命力を高める方向に設《しつら》えていけるといい。

青木　ぼくは東吉野に越してきてから、睡眠の重要性に気がつきました。寝ることへの「信頼度」がものすごく高まったんです。町に住んでいたときは自分にとって有益だからやる、役に立たないからやりたくない、という基準で物事を見ていて、それでいくと睡眠は何も生み出さないからマイナスだと思っていた。でもどうやら睡眠には、すごいパワーがあるんじゃないか、という気がしてきている。

光嶋　睡眠は決してマイナスなんかじゃありませんよ。オフにすることで稼働しすぎた身体を休め、エネルギーを蓄えているんです。例えば、オフィスビルにはどんどんテナントを入れて稼動すべし、という発想があるけれど、それは単一の論理に過ぎません。むしろさっき話したように「バックする」ことへの自覚があると、空間について違った可能性を見つけることができるかもしれない。

頭を空っぽにして、自由に考えるためには、いったん引いて世界を見てみることがたいせつです。空間だって、睡眠を考慮に入れてみれば、「寝ている状態」と

「起きている状態」の理想的な関係が見えてきます。オフィスが「起きているとき」しか使っていない人には、オフィスの「寝ている空間」を起こすのは難しいでしょう。寝ているオフィスは、働く会社員ではなく、例えば地域の人に活用してもらう、という考え方もできるはず。

建築設計手法において、図面や模型のスケールの大小の間を「行き来する」ことも、それと同じだと思っています。接近したり後退したりして、目の前の世界に対する認識を揺さぶることによって、違った解像度で空間が見えてくる。俯瞰しながら、没頭する。それは睡眠という建築における「オフ」の状態の可能性を引き出せるのではないでしょうか。常にズームインとズームアウトを繰り返すことで、空間の多様な可能性が発見されていく。睡眠を自覚することは、身体における無意識との交流と捉えることもできる。そのためには、空間に「余白」を与えること。「余白」があることで、意図を超えた行為が可能になる(9)。だから睡眠は、空間における空気の密度を調整し、変化する時間の流れを生み出すためのたいせつな「充電期間」だと思っています。

青木　本当にそうですね。「不在」が可能にすることって多い。睡眠という「不在」があるからこそ、身体も整えられるし、個人の中にいろんな要素が並存できる。そ

(9) この余白というのは空間として機能と一対一対応していないことを意味します。例えば廊下は歩くための動線ですが、広くつくって余白を与えると、歩くだけでなくちょっと遊んだり、読書をしたりする自由なスペースになることができるんです。(光嶋)

の結果として生命力が高まり、身体に蓄えられていたさまざまな要素が飛び出すと、ぼくらは兼業にならざるを得なくなっていく気がする。

光嶋　不在を通すことで、何があって、何が足りないかが見えてくる。「一家族一住宅」にあまりにも強く縛られた住宅のあり方を、そろそろ建築家たちが真剣に考えていく必要がありますね。常識を疑えるだけの強度ある思考を構築するためにも、「マイ凱風館」という考え方にぼくは強い可能性を感じています。

センサーを開放しよう

光嶋　「マイ凱風館」というのはつまりは、自分だけのための家じゃないということです。ぼくのクライアントは工事が進むにつれて「ぼくなんかがこんな家に住んでも良いんだろうか」と、しばしば口にします。自分がお金を払って自分の家を建てているにもかかわらず、どこか申し訳ない気持ちが生じるらしい。それは所有概念に対する「うしろめたさ」ですよね。所有を個人から開いていくってことは「共有」することであり、交換を超えた相互扶助の関係を建築化することです。そんな場所をみんなで育てられたらすばらしい。「マイ凱風館」の鍵は、住宅にもっとなめらかに他者を引き込んで公共性を持たせることじゃないでしょうか。

ぼくはベルリンに住んでいたとき、外食するより、友人宅に招かれることのほうが多かった。ベルリンの人たちは衣食住の中でも、「住」に対する意識がすごく高いんです。自らの生活の場を公開することで、親密な人間関係を丁寧に構築する。住空間に対するセンサーが日常的に働いているから、家具選びも丁寧だし、お気に入りの芸術作品をギャラリーで買って部屋に飾ったりするのもうまい。掃除も行き届いている。そしてそれが場の力を高めていく。生命力の高い空間というのは、そうして自らの身体感覚に基づいて日々手入れすることでしか作ることができないと思います。時間をかけて練り込むしかありません。

食生活を気にすることで健康的な生活が送れるように、もしくは大好きな洋服を身につけることで気分が高揚するように、自身の住まいに対するセンサーをもっと開放し、パフォーマンスを向上させるための空間づくりという意識改革をすることこそが、総じて生命力を高める場の発見につながると信じています。

「私、建築の素人なので……」などと言っていられないと思うんですよね。待っていてもダメ。自ら能動的に空間にコミットすること。身近にあるきっかけをつかむための良質な情報発信を、これからも工夫しながら続けたいと思います！

生命力が単位の社会へ

青木真兵

ぼくは東吉野村に引っ越してとても健康的になりました。いや、本当ですよ。風邪を引きにくくなったり、偏頭痛にならなくなったり、お肌もツヤツヤになったり。神戸に住んでいた頃のぼくは「体が弱い」「不健康」でおなじみだったのですが、今ではみんなが「元気になった」と言ってくれます。やっぱりおいしい空気、キレイな水、豊かな緑に囲まれた生活はいいですね。でもそれさえあれば万事解決！　なのでしょうか。ぼくはもうちょっと違ったポイントがあるのではないかと思っています。

先日、建築家の光嶋裕介さんとお話しする機会がありました。テーマは「生命力を高める場」について。光嶋さんは常々「生命力のある建築」という言葉を口になさっています。ぼくもルチャ・リブロを「生命力が高まる場」にしたいと思っています。ただ、光嶋さんやぼくが当たり前のように使っている「生命力」という単語、あまり一般的ではないような気がするのです。そもそも「生命力」ってなんだろう。

東吉野村での生活をかつて暮らした都市での生活と比べたとき、最も大きな違いは「生物種の多さ」です。村にはとにかく虫がたくさんいて、家の中だろうが外だろうが、気にせず歩いたり飛び回ったりしています。信じられないくらい大きなクモがいたりしますが、ムカデを食べてくれたり、多分何か良いことをしてくれるだろうと、見つけても動じなくなりました。一瞬ドキッとすることはありますが、「お、よろしく！」と挨拶しています。

この「生物種の多さ」は、ぼくになぜか安心を与えてくれました。都会において虫は生活への侵入者であり、「私たちではないもの」です。しかしぼくらが暮らしている古民家は隙間だらけで虫もフリーパス。彼らも「私たち」の仲間入りです。アリもカマドウマもクモも「私たち」です。むしろぼくたちが虫の仲間入りをした、そんなふうに思っています。何にせよぼくはそのとき、自分という人間の前提が「社会的動物」から、「生物」に変わったような気がしたのです。

現代人は、他人事ばかりでなく、自分だけにかんすることであっても、また独り言でも家族の会話でも、こんな問いかけをしない。——すなわち、自分はいったい何をしたいのか。何が自分の性格や気質には合っているのだろうか。どうすれば、自分のうちにある最高で最良の部分が十分に活動でき、その成長と開花が可能になるのであろうか。

(中略)自分の本性にしたがわないようにしていると、したがうべき本性が自分のなかからなくなる。人間としての能力は衰え、働かなくなる。強い願望も素朴な喜びももてなくなり、自分で育《はぐく》み自分自身のものだといえるような意見も感情ももたない人間となる

(ミル著、斉藤悦則訳『自由論』光文社古典新訳文庫、二〇一二年、一四八—一四九頁)

十九世紀イギリスの思想家ジョン・スチュアート・ミルの言葉です。彼は現代人の関心が他人にばかりいき、好みでさえも他人の選択肢の中から選んでいると言います。そのような現代に対する批判として、この文章を書いたのです。彼のメッセージは「すべての問いを自分に向けること」。ぼくはそのように受け取りました。

確かに人間は「社会的生物」です。集団でいないと生きていくのは大変だし、

「個人の自由は他人に危害を与えない限り保証される」とミルも述べています。そもそも社会がない世界を想像することすら難しい。でもぼくは現代の社会をとても窮屈に感じることがあります。あまりに生命力の存在を無視している。社会というシステムが回れば、内実はどうなってもよい。多くの人々がそう思っているかのようです。

ぼくが窮屈と感じる社会は、「一つのものさしで測る」ことをベースに設計されています。人間を「人材」と呼んだり（少し気を使って「人財」と言ったり）する社会。そんなもん社会じゃねえ。ぼくの考える「本当の社会」は、生命力が単位です。生命力とは、ミルの言う「自分のうちにある最高で最良の部分」のこと。だから人それぞれ違う。

「ルチャ・リブロ」は「生命力が高まる場」です。「どうすれば、自分の内にある最高で最良の部分が十分に活動でき、その成長と開花が可能になるのだろうか」と自分に問いかける場こそが、ルチャ・リブロです。花や草木、犬や猫、虫や鳥。生命力を持った存在である人間も、彼らと本質的には同じです。この自覚が日々の生活の中で高まっているからこそ、ぼくは心身ともに健康になったのかもしれません。

成長したり、しなかったりする有機体

青木海青子

「開館日のお知らせに『ご来館お待ちしております』と書き添えてありましたよね。自宅に、どんな人が来るかわからないのに待ってるって、すごい状況だと思いました」。

先日「ルチャ・リブロ」を訪れたお客さんから、かけていただいた言葉です。そう言われてみると、確かに不思議な状況だよなあ、と他人事のように思います。

当館は自宅兼図書館です。自宅兼店舗、自宅兼お寺、など、半分公に開かれた場所、という状態は珍しくはないかもしれません。一階が店舗で二階が住居とか、二つ建物があって、一方が住居とか。

でも当館の場合、公私の境がかなり曖昧です。住居部分――といっても寝室（館長室とも）、台所、お風呂くらいですが――は書庫の隣の部屋だったり、司書席のカーテンの向こうだったりします。「居間は？」と問われると、一応閲覧室が居間なのではないかと。開館中は閲覧室、閉館後は居間に変わります。

そんなことで、開館時と閉館時では、私たちの行動も変わります。閲覧室ではゴロゴロしたり書類を広げたりはしないけど、居間なら大丈夫。買ってきたものを書庫にちょっと置いておくのだって、閉館時ならOKです。

お客さんも、開館日には縁側からガラッと入ってくるけれど、閉館していれば玄関チャイムを鳴らしてくれます。プライベートでも親しいお客さんとは、閉館後に閲覧室のちゃぶ台で一緒にご飯を食べたりもする。意味や役割が変遷することはどんな場所でもあると思いますが、ルチャ・リブロには、それを凝縮して実験しているようなところがあるのです。

そもそも「ここは図書館です」というのはある種の見立て、ギミックです。私たちが「やーめた、ここは家!」と言えばその瞬間から自宅に早変わりするし、「ここはイベント会場です」と言えばそうなります。ルチャ・リブロをおもしろいと思ってくれるお客さんは、ギミックに乗って振る舞ってくれています。「今日は開館日だから図書館なんでしょう、わかってたわ」といった調子で。

当館キュレーターがよく、「この空間の可能性を最大限に引き出したい」と言っています。ギミックによって七変化できる余白たっぷりのこの場所を、「成長したり、しなかったりする有機体」として東吉野に在らしめる。そして、そこから得られる恩恵を、たまたま居合わせた人と一緒に楽しめたら、という意味を込めているのだと思います。

あたらしい家族のかたち
太田明日香×青木真兵

二〇一八年七月

太田明日香（おおた・あすか）

一九八二年、兵庫県淡路島生まれ。フリーランス編集者、ライター。非正規で複数の出版社に勤務ののち、フリーランスに。著書に『愛と家事』（創元社）がある。

（この収録について）
「オムラヂとほん」第二回のゲスト・太田明日香さんと初めて会ったのは、とほん店主の砂川昌広さんをゲストに迎えた土着人類学研究会でのこと。『仕事文脈』vol. 10の連載エッセイ「バンクーバーと仕事・3　ほどほどに働こう」が印象に残っていたぼくは、『愛と家事』のZINEを読んで「ぜひお話ししたい！」と思ったんですよね。今回もやなぎまち商店街内の元「ふくせ」で収録しました。

青木　今日のゲストは、ライターの太田明日香さんです。
太田　こんにちは。今日はみなさんお忙しいところ、ありがとうございます。私の本『愛と家事』(1)を読んでくださった方は……？　ああ、半々くらいですね。
青木　「母、結婚、家族……、似た悩みをもつ読者に深い共感を生んだ」と帯に書かれていますが、やっぱり読者は女性が多いのでしょうか。
太田　そうですね。昨日のイベント(2)でも、九割は女性でした。私と同世代の三、四十代の方や主婦の方が多かったです。
青木　ぼくは男ですが、この本を読んですごく身につまされまして。なんて言うのかな、やっぱり甘えている部分があったなと。
妻に対しても親に対しても、一緒に住んでいるから、言わなくてもわかるよね、と思っていることに気づいたんです。自分がこういう人間であることはわかってくれているよね、という前提から話を始めるから、うまくいかない部分があったんだと気づきましたね。
太田　まあでもそれって相手に信頼があるからってのもあるんじゃないですか。そういうことを言えるぐらいに仲が深い証拠にも思えますけど。

(1) 二〇一六年に発行したZINEの増補再編集版（創元社、二〇一八年）。母親の愛情への負担感、一度目の結婚の失敗と挫折などを赤裸々につづったエッセイ集。

(2) 知多半島で移動本屋さん「雨の本屋」をしている藤野由香梨さん主催の「大人の読書会」。一冊の本について感想を話し合う会で、この日は十人近くの人が集まりました。（太田）

男とは女とは、の地域差

青木　太田さんとぼくはほぼ同世代で同じ時代を生きてきていますが、環境はだいぶ違いますよね。太田さんは淡路島ご出身で、「わたしは田舎の農村で男兄弟とともに育ったため、家事をする男の人の姿などほとんど見たことがなかった」(3)と書かれている。一方ぼくが育った浦和って、町なんです。これって結構大きいなと思って。

ぼくが二歳の頃、両親が離婚しました。でもぼくが物心ついた頃には、後に父になる人がいつも一緒に遊んでくれていました。その後、母はその人と再婚するのですが、義父というよりは、すごく仲良くしてくれる年の離れたお兄ちゃんみたいな存在でした。料理も掃除もするし、ぼくの誕生日にはアニメ「サクラ大戦」や「ガンダム」のＤＶＤをくれる(笑)。電気グルーヴのＣＤを貸してくれたり、漫画『げんしけん』を勧めてきたりする。つまり、男はこうだ、という人じゃ全然なかったんです。マンション住まいで核家族だったし、男とは女とはこうあるべき、という価値観の中では育ってこなかった。太田さんはそのへんにプレッシャーを感じられていたんでしょうか？

(3)『愛と家事』、六十六頁。

太田　私は子どもの頃わりと実家が好きで、「いつまでもここにいたい」と言ったら、母親に「あんたはいずれよそにお嫁に行くんやで」と言われたのがすごくショックだったのを覚えています。女の子はお嫁に行き、男の子が家を継ぐもの、という感じはビシッとあって。農家なので田んぼとか畑を持っていたのですが、弟が二十歳を過ぎた頃、祖父が弟にだけ「田んぼとか山の境界はここだから」と教えていたことがあって、それも結構ショックでした。私には全然教えてくれなかったから、ああ、やっぱりこういう世界なんや！　と思って。母が看護師でずっと働いていたし、父と同じかそれ以上に稼いでいたのもあって、「女は家を守り男は外で稼ぐ」という意味での「女らしさ／男らしさ」の刷り込みは薄かったんですが、昔の長男がうちを継ぐみたいな「家」っぽい感じはビシバシと感じていました。

　春の祭りでも、男性はだんじりを引っ張ったりお酒を飲んだりして、女性はお台所でご飯を作ってとか。お葬式や法事は家でするんですけど、お茶や食事の用意は女性がする。そういうもの、というのがありました。

青木　そういう価値観がじつはローカルなものかもしれないと違和感を感じたタイミングってありましたか？

太田　やっぱり大学進学で島を出たときですね。それまでは島の生活が全部と思っていましたが、出たとたん、生活環境が全く違ういろいろな人に出会って、すごくカルチャーショックを受けました。

私は男女同権だと教わってきた世代で、世の中はすでに男女平等なんだと思い込んでいたけど、大学に入ったら女子大なのに教員は女の人が少ないし、バイト先や部活で他大学の人とかかわる中では女性の役割みたいなのを期待されたりして、あれ？　って。さらにフェミニズムの本を読むと、実はまだ男女は平等じゃない、みたいなことも書いてあったりして……。未知の価値観をたくさん浴びて、頭が混乱していましたね。

わかるから、つらい。

青木　ぼくは一人っ子だし、母との関係が結構強くて、反抗期らしい反抗期ってなかったんです。

太田　私は三十歳ぐらいでいきなりきましたよ、反抗期。

青木　もしかしたら、ぼくも好きなことをしゃべってオムラヂの配信なんかしている今が反抗期なのかもしれません（笑）。太田さんもこの本ではかなり赤裸々に、正直にご自分を語っていますよね。正直さを出すと摩擦が生まれて生きにくい世の中なだけに、とても印象に残りました。

ぼくは母から、「大学では好きなことをしなさい」と言われてきました。それで大学では好きな考古学を学び、大学院も博士課程まで進んで。そしてそのタイミングで今の妻と結婚するんですが、それが母からすると「違った」みたいで。

母自身、フェミニズム全盛時代を通ってきているし、洋裁を短大で教えてもいて、女性も社会で活躍できることを身をもって表していたリベラルな人なんです。でも結婚、出産でそれができなくなり、親戚の病院に勤めてぼくを育てざるを得なかった。だからぼくには「好きなことをしなさいよ」と言ってくれたわけです。ぼくからするとぼくの「好きなこと」には、妻との結婚も含まれていたんですが（笑）、それは母からすると、好きなことではなかったのかもしれません。

太田　海青子さんに息子を取られた的な気持ちなんですかね？

青木　そういうことなのかもしれませんね。気持ちはわかるんですよ。ぼくはその後ちょっと体調を崩してしまったのですが、両方の言い分がわかって板挟みになったのが、病気の原因だったかもしれない。

そんなふうに親子の関係って難しいなと身をもって経験していたので、太田さんが本で描かれた母と娘の関係には身をつまされました。お母さんとの関係では何がいちばん引っかかっていましたか？

太田　両親は自分の世代の価値観とか生き方の中で「これが幸せ」っていうことを、子どもに提案してきたと思うんです。淡路島では、大学進学で外に出ても卒業後は戻ってこいと言う親が多いんです。とはいえ島の仕事は限られていて、教員、公務員、医療系ぐらい。私の母親は病院勤めなので、進路を決めるときにも医療系の資格が取れる学校を勧められましたが、あまりピンとこなくて。結局文学部に行ったのですが、「それなら教員免許を取れ」とか。

あと、結婚や出産にしても、結婚して出産するのが幸せ、みたいな価値観を押し付けられ続けるのがしんどくて。自分の頭で考えて選びたいのに、選ぶ前にわーっと言われるから疲れるというか。

今となっては、世代も環境も違うから価値観が違うのは当たり前だとわかるのですが、もうちょっと手放しておいてほしかったと思ってしまう。青木さんと同じで、私も気持ちはわかるけど……という部分は大きい。全くわからなければ反発できたのですが。よく昔の朝ドラとかには、「私、○○になる！」と言ったら頑固親父に「バカモーン！」と一喝されて、家を飛び出す、みたいなわかりやすい対立がありましたが、そういう感じでもないから反発しにくかったです。

青木　そうなんですよね。親の世代が思う幸せを否定するわけではないし、何を幸せと感じるかは時代背景も地域にもよるから仕方がないと思うけど、幸せのかたちは他にもあるから、一度試させてほしい。でも、親からすると、可愛い我が子にはできるだけ転んでほしくない、安全な道へと誘導したい。

太田　それはすごく感じます。あと、最近私の周囲で出産する人が多くて、話を聞いていたら、赤ちゃんってお腹にいる間は直接自分とつながっているし、その後もしばらくは四六時中世話をする状態が続くんですよね。だから自分と子どもを切り離して考えるのが難しいのかな、とも感じました。母親がいつまでも子どもを可愛がって、子ども扱いするのも、なんかしょうがないというか、心理的にも肉体的にもそうなっちゃうのかなとか。

昔は寿命が五十年ぐらいで、子どもが二十代とか三十代のうちに一人立ちできたけど、今は長生きするから、子どもが大人になってもまだずっと親がいる。だから意図的に子離れ親離れをしていかないと、お互いに別の人格であることが認識しづらいのかもしれませんね。

良かれと世話を焼くのはやめよう

青木　お母さんとの問題って、今も継続中ですか？

太田　親が私の本を読んでいるのか、わからないんですよね。母と会うと喧嘩するので、最近はあまり二人きりで会わないようにしているし。

でも先日、法事で帰省したら母が腰を悪くしたようで、見ていたらなんだかかわいそうになってきて。こんなに小さくなってしまって、みたいな。この本を書いたときは母親もまだ元気で、勝てないほど勢いが強かったので、私も頑張ってそれに反抗しようとしていた部分があったのですが、だんだん母も年を取ってきて老いてきたので、もう少し優しくしないと、と思っています。でも、私もそこまで割り切れたわけじゃないから、親切にしたい気持ちと、あんまり言われたら嫌だという気持ちの間で葛藤中です(4)。

青木　ぼくと母はいがみ合っているわけではないのですが、ぼくが一方的に、「こういうことをすると母は嫌がるだろうな」と考えちゃって。母は母で、良かれと思って荷物を送ると迷惑がるだろうからと遠慮していて。

ぼくらも最近『ルッチャ』というＺＩＮＥ(5)を出したんですよ。そしたら義父

(4) 母が本を読んだのかはわかりませんが、母も私に気を使ってか、あまりあれこれ言ってこなくなりました。むしろ本について言ってくるのは父のほうで、今は父に対してちょっと反抗期が来ています。(太田)

(5) 人文系私設図書館ルチャ・リブロの機関誌。半年に一度、手作りで刊行中。

が母の名を借りてネット注文してきて（笑）。義父はいわゆる「お父さん」という感じはない人だから、血がつながっていないことに違和感を抱いたことはありません。周りを見ていると、むしろ血がつながっているからこそ大変そうだな、と感じますね。

太田　それはあるかも。うちは母と父がいとこ同士なので、母方と父方の親戚はほぼ同じで、みんなだいたい一緒の顔をしている（笑）。一緒の顔がいっぱいいると安心感もありますが、ちょっと濃密すぎますね。

青木　島で同じ血縁で、ですもんね。

太田　お義父さんとは普通にやりとりあるんですか？

青木　ええ、でもちょっと謎の関係というか、不思議な距離感があります。「進路はどうするんだ」といった本質的な話は一切しないし、男友達の延長みたいな感じかも。母のほうがやっぱり近いんですよ。先ほど、体内に宿していたお母さんはわが子を自分と切り離して考えにくいという話もありましたが、その感覚もわかる気がしますね。

関係ないですけど、ぼくは男ですが、おばちゃんぽいところがあって。妻のスカートが短いと「お腹冷えて風邪引くんじゃないか」と気にしちゃったりする

（笑）。

太田　まあ、一緒にいる人を可愛がりたくなる気持ちはわかりますよー。でも、あんまりやりすぎると、依存と支配の関係に陥ってしまうから難しいですね……。

青木　ぼくは結婚したとき、はたと気がついたんです。「良かれと思って」何かするのはやめよう、と。相手に良かれと思ってやってあげても、相手が本当にやってほしいと思っているかどうかはわからない。母が無意識のうちに自分の望む方向に誘導しているというか、善意のもとに支配してきている、と感じたことがあって。それは嫌なんです。母にも周りの人にも、それはされたくない。だから自分もしないようにしよう、と。

太田　やめるのも難しいですよね。かなり意識していないと、自分でもすぐやっちゃっている。

　昨日のトークイベントで、こんな話があったんです。ある女性は食事作りが苦手で、自分の料理がおいしいと思えないし、家族も喜んでくれていないんじゃないかと思うとつらいとおっしゃっていて。一方、別の女性は料理が好きで、「お母さんのご飯がいちばん！」と家族から思われているけれど、この程度の料理がいちばんと受け取られることに怖さを感じると。二人は一八〇度違うように見えるけど、相手が不満を漏らしているわけじゃないのに自分の気持ちが許さないという点では、実は同じことを言っているんじゃないか、と思ったんです。

私も似たようなことがあって、今の夫と結婚したときは毎日献立を考えたり、私が外出する日は作って置いていったりしてたんですが、頑張って作り置きしていったのに夫があまり食べてくれていないとすごくイライラして、夫にあたるようになってしまって。夫は何でもいいというタイプなんです。だからその通りに受け取ってもっと適当にやればいいんですけど、私自身の気持ちが許さなくてやってしまっていた。でも最近それは違うなと気づいて、土日は休むとか、外出する日は作らなくても気にしないようにしてます。青木さんのおっしゃる良かれと思ってというのがよくない、というのはそういうことなのかなと思いました。

「家事」の難しさ

青木　この本のタイトルは『愛と家事』。「愛」というすごく大きな抽象的な言葉と「家事」というきわめて具体的な言葉が、実はすごくリンクしている。家事にはお金がからまないから、「良かれと思って」が無限に広がってしまうし、せっかく

やったことを「そこまでしなくていいから」と言われると、なんなの、となる。そこが家事の難しいところなのかなと。家事は非常に重要で、外で稼いでくる男性を支えてくれるんだけど、お金が発生しない。そのせいで男性にばかにされたり、女性自身が卑屈になってしまったりする。

太田　そういう無償の労働という捉え方もわかるんですけど、なんかそれだけでもなーという気持ちもあって。やっぱり家がきれいだと気持ちがいいし、アイロンかけた服のほうがいいから、ちゃんとやりたい気持ちはあるんですよね。やって家族が喜んでくれたらまあうれしいし。両方に引き裂かれるような気持ちでやっています(6)。

青木　ぼくも料理は苦手なので、食事は妻に作ってもらっています。洗い物やお風呂洗いはやっているんですけど。でもやっぱり割り切って考えられないですよね。

太田　ちなみに、相手のやり方に対してダメ出しされたりはしませんか?

青木　しないですね。相手の料理に対して、「これ、おふくろの味とは違うわ」とかいう人がいるらしいじゃないですか。あれは信じられない! 自分が当たり前と思っているものを前面に出すと相手も傷つくし、傷つけたことによって自分も嫌な気持ちになるから、「普通はこうなのに、なんでそうなの」みたいなことは言わな

(6) 家事を楽しいと言う人もいますが、私は人の分も含めた家事をすることには義務感が生じて、楽しいと思えないタイプでした。公平な分担は自分の家族には合わないので、今は自分の仕事と引き受けつつ、家族にイライラしたり、自分が思うようにできないことに罪悪感を持ったりせず、もっとフラットにやりたいと思っています。(太田)

いようにしています。

「食べる」を中心に「家族」を考える

太田 いくら家族でも他人と思って接する。愛があっても他人という気持ちを忘れてはいけないな、と思いますね。

青木 本当にそうですよね。家族ってすごく難しい。一方で、血縁関係がなくてもすごく風通しのいい――それを家族というのか、コミュニティというのか――、そういう人間関係もあると思います。

太田 家族の定義っていろいろありますよね。夫婦は生殖の単位だとか、一緒の家に住んでいれば家族であるとか。あるいは、昔の農家や商家のような、家族が一つの経済単位というか生産の場であるとか。農業史研究者の藤原辰史さん(7)が、子ども食堂のように子どもや経済的に苦しい人だけではなく、家事に疲れた人とかがちょっと食べに行けるような「公衆食堂」があったらいいと言っていて(8)。いっそのこと、一緒にご飯を食べる人の単位を「家族」と呼んでもいいんじゃないか、と思ったことがあります。

(7) 藤原辰史(一九七六〜)農業史研究者、京都大学人文科学研究所准教授。著書に『ナチス・ドイツの有機農業』(柏書房)、『給食の歴史』(岩波新書)など。

(8)『食べること考えること』共和国、七十六頁。

かつて日雇い労働者が多く住んでいた大阪の釜ヶ崎に「ココルーム」(9)というゲストハウスがあります。そこでは「まかないごはん」といって、ゲストハウスのお客さんとココルームをやっている上田假奈代《かなよ》さんの一家やスタッフが一緒にご飯を食べているそうなんです。宿泊者の食堂でもあり家族の食卓でもある、というのがすごくおもしろいな、と思って。ココルームでは自分たちの食卓を開放しているわけですが、青木さんもご自宅を「ルチャ・リブロ」として開いているわけですよね。そうやってちょっと私的な部分を開いて、家の中と外の風通しがよくなるのっておもしろいなと思って。

青木　食べるという人類の基本行動を介してコミュニティを作ったり、家族を考えていくのはすごく大事だと思います。よく「孤食」と言われますが、ぼくも大学生の頃、学食に行くとみんながサークルごとにいつも同じ席に座っていたのを見ていたので、一人でご飯を食べているのを見られたくない気持ちはよくわかります。

人って、放っておくと一人になってしまいがちですよね。ぼくはどこかの時点で、一人よりも二人のほうが楽しいし、できることが増えると感じたので、家族だろうが友達だろうが、今言われた風通しのいい状態を維持できる関係性が築ける人たちと遊びたいし、一緒に暮らしていたいなと思っています。一緒にご飯を食べられる

(9) 詩人の上田假奈代さんが代表を務めるNPO法人「こえとことばとこころの部屋」が運営する三階建のゲストハウス。「ココルーム」は「表現を仕事に」を目的として二〇〇三年に新今宮にあった娯楽施設フェスティバルゲート(現マルハン)でスタートしたアートNPO。フェスティバルゲートの閉鎖に伴い釜ヶ崎に移り、喫茶店↓ゲストハウスと形を変えて継続している。ちなみに釜ヶ崎は通称で、行政はあいりん地区という名称を使用。

客とスタッフが一緒に手作りのご飯を食べる「まかないごはん」は、設立当初からのならわし。低賃金で働くスタッフの食費負担を少しでも減らせれば、との思いから始まった。お客さんたちから困りごとや関心事を聞いて、それが活動のアイデアになることも。(太田)

かというのは、その基準としてすごく重要な気がしますね。

太田 『愛と家事』を書く過程で思ったのも、結局家事の中心は食事の用意なのではないかということでした。昔から家族＝食べるための共同体という意味合いが大きかったと思うんです。時代も働き方も変わってきた今、家族のスタイルだけが変わらないというのはどうなのかと。もっと時代にあったよい集まりがあるかもしれないし、あったらいいなと思います。

青木 太田さんが本の中で書かれていた、「自分を信じてさえいれば、おおきな失敗をしても、何度でも生き直すことができる」(10)ということが、すごく大事だと思うんです。何度失敗しても大丈夫だよ、って人にも言いがちですが、その前提には自分のことを信じられている必要がある、と。自分を信じられる自尊心を持つには、配偶者でも親でも家族みたいな友達でもいい、家族と呼べる近しい人の存在がすごく大きい。これからの家族のかたちについては、今後も考えていきたいです。

(10)『愛と家事』、一一九頁。

近くてゆっくりを楽しむ
野村俊介×小松原駿×青木真兵

二〇一八年八月

野村俊介（のむら・しゅんすけ）

一九七八年、兵庫県神戸市生まれ。三十六歳で脱サラをして兵庫県朝来市に移住。生姜と胡麻の栽培を始めるが、継承者を募集していた三〇〇年の歴史ある神河町の「仙霊茶」を作る広大な農園に一目惚れ、受け継ぐことに。二〇一八年春より神河町に移住、本格的に茶園の運営を始める。https://senrei.thebase.in/

小松原駿（こまつばら・しゅん）

一九八八年、東京都生まれ。三才から十九才まで千葉県で育った後、京都の同志社大学経済学部へ進学。野村さんとの出会いがきっかけで二〇一四年に兵庫県朝来市へ移住。現在、夏場は農業を中心とした生活、冬場は朝来市にある老舗の清酒製造会社にて日本酒の造り手（蔵人）として働いている。

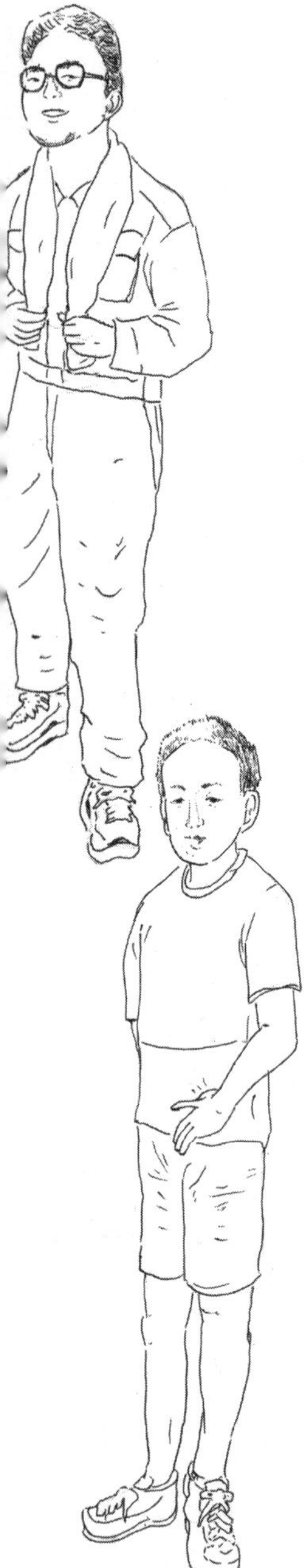

（この収録について）
小松原くんとは、ぼくが神吉直人さんたちと定期開催していた（東吉野に越してから参加できていないのですが）フットサルの試合で出会いました。柏レイソルファンなので、オムラヂネームは「カレッカ小松原」。野村さんとは、凱風館でルチャ・リブロの活動を発表したときが初対面だったと思いますが、きちんと話すのは今回が初めて。オムラヂはおもしろそうな人と話すときの「口実」になります。兵庫県朝来市竹田のバー「酒ごぜる」（現在は「喫茶モネ」として週末昼間に営業中）にて収録。

青木　今日は兵庫県の朝来市に来ています。ゲストは、朝来市で農業をしている小松原くんと、神河市でお茶農園を受け継いだ野村さんです。

小松原・野村　よろしくお願いします。

自宅を開く

青木　今日は東吉野村から姫路まで電車で来ました。姫路、めっちゃ都会ですね。東吉野村は紛うことなき田舎なのでびっくりしました。そこから野村さんの車でおしゃべりしながら神河《かみかわ》まで来て、オムライスを食べて(1)、お茶園を見学しました。

(1)「青木さんが来るならぜひ連れて行きたい」と選んでくれたオムライス専門店「ピコーズ」。また食べに行きたい！（青木）

緑のグラデーションがすごくきれいですね。収穫時期を過ぎていたので、明るめの緑と深い緑が混在していて。今後、お茶園にバーベキューサイトを作る構想もあるとか(2)。

野村　言うてりゃいつか叶うかな、と。人が来ると、家をきれいにするという効果がありますしね。

青木　うちも「ルチャ・リブロ」として自宅を開いていますけど、その効果は確かに高いです（笑）。

野村　人が来ない前提にしていると、見て見ぬ振りをしがちですからね。

青木　それって掃除以外にも言えますね。最近気づいたんです。ぼくがやりたいのは自宅を開いて(3)他人が入ってこられる場所にするということなんだな、と。実際の行動としては、掃除とか整理整頓、思想的には社会化（ソーシャライズ）するということになるんですが。自宅の書架にしても、そのままならただの家の本棚ですが、「開く」ことによって図書館になる(4)。

野村　しかもその社会化は、パーソナルなものを開くことによって得られる。

青木　完全な私有と完全な共有とのあわい、グレーゾーンですよね。場合によっては私有するけど、場合によっては貸し出す、みたいな。

(2) バーベキューサイトはまだですが、でかいテントを張って簡易なテーブルと椅子を設けました。日陰で茶園見ながらのんびりできます。（野村）

(3) 二〇一九年四月に茶園の近くに引っ越したぼくの家も、農作業のお手伝いの方の食堂として機能したり、ゲストが泊まりに来たりと、開かれた自宅になってきています。（野村）

(4) でも、ぼくらが自宅を「開く」ことができたのは、山村に引っ越したからだと思います。このあたりのことは『ルッチャ』第二號収録の「ラブネストに籠らない」をご参照ください。（青木）

野村　あなたと私の境界線になるべく何かを近づけたいというか。

青木　そのためには「場所」がすごく大事だと思うんです。インターネット上の場ってフラットなぶん、どうしても脆弱に感じてしまって。ぼくはリアルな場所を作りたい。実際の場所なら、ネット上の場よりも環境因子が多いから、私有と共有の間が曖昧にできますし。

野村　来る人もリアルに身体を運ばなければいけないしね。インターネットは匿名性が高いから、「自分」を持ち出さずにそこにあるものだけを享受できる場合が多い。でもリアルの場では、そうはいかない。自分自身の身体を持ち出してこないと、パブリックの恩恵には預かれないんだ、と。

青木　そうですよね。リアルなことって、ゼロか一かでは判断できないし、均質的な時間の中でパッと話が進むものでもない。わざわざ足を運ぶには、お金も時間もかかる。でもそこがいいんじゃない！　と(5)。

野村　来る人にも信頼がおけますよね、わざわざ来てくれているわけだから。

青木　そしてわざわざ来たら、やっぱり何か持って帰ろうと思うじゃないですか。何かないかなとキョロキョロするうちに、思ってもみないものまで見つけたり。こちらが発信しているものの枠の外にも受信者が何かを発見できる可能性は、ネット

(5) 言うまでもなく『そこがいいんじゃない！　みうらじゅんの映画批評大全1998-2005』（洋泉社）より。「これって何の意味があるんだろ」と思ったら、すかさず「そこがいいんじゃない！」と唱えましょう。（青木）

からリアルに近づくほど高くなる、それがおもしろいですよね。

野村　最近キーワードとしてよく言われる「多様性」って、いろんなタイプの人を受け入れる、みたいな、強者から弱者を許容してあげようというニュアンスが強いですよね。でも本当の多様性というのはもっと次元の違うことなんじゃないか。三六〇度視点というか、ある人がゴミと思って捨てたものを喜んで拾う人がいるような。

インターネット上の場であるホームページには、制作者の一次的な見方しか表出できないけれど、リアルの場では、訪れた人が言語外のことまで受け取って、全く違う評価を与えることができる。

青木　「なぜ図書館を作ったんですか」と聞かれると、一応コンセプトを答えるんですけど、近頃は自分の意図が伝わるかどうかはどうでもよくて、来てくれて自分なりの発見をしてくれることのほうがうれしくなってきているんですよね。ああ、そういうことも受け取るんだ、ということがあると、そのぶんだけ多様性の面では価値が増えたことになる。そっちのほうがおもしろいなと思ってきた東吉野村生活三年目なんですけど。野村さんと小松原くんは？

できる人ができることをやる

野村　ぼくは二〇一五年に移住したので、四年目に突入したところ(6)。三年に一度ぐらい、やってきたことが大転換しちゃうんよね（笑）。始まっちゃうというか。勢いで言ったことが引っ込みつかなくなって、引っ張られるようにして移住したり。朝来《あさご》市に引っ越したときは、これで朝来に骨を埋めるんやなと思っていろいろやっていたら、ひょんなことからお茶園を発見して感動して、「やります」と言っちゃって。朝来から通えるかと思っていたけど、だんだんそうもいかなくなって。場に寄せられるようにして、神河に引っ越すことに。自分の意図しないところにどんどん乗っかっていっている気がします。

青木　そのフットワークの軽さというかエネルギーがすごいですよね。

野村　自分ではエネルギッシュとは思ってないですけどね(7)。脱サラして農業やっていると言うと、「すごいエネルギーですね」と言われるけど、俺は農業の師匠を見つけたから来たのであって、自分の力で切り拓いてきたわけじゃない(8)。むしろたんぽぽの綿毛のように、重量がないから動けるんじゃないかな。目の前で吹いている風に乗っかって、そこで自分ができることをしようという感じなので、

(6) 今や五年目ですかー。この当時はどこまでできるかな、と茶園運営も一人で頑張っていましたが、一人でできることの限界を二〇一八年末に知ってからはバイトさんや社員さんなど多くの人に支えてもらう体制に変わりました。（野村）

(7) とくに飲み会でのノムさんはまさにエネルギッシュ。永遠にしゃべり続けています。（青木）

(8) 多くの方に支えられて会社運営している今も、自分で募集したり見つけたりしたわけではありません。「この茶園やってるよ！」と幟だけ立てていたら、「なになに、おもしろそうやんか。手伝ったるわ」と人がわらわら集まってきた感じなんです。（野村）

ストレスはないんですよ。その判断基準が人とは違うのかもしれませんが。自分の経験則からこれはできると思ったことを選んでいるだけなんですけどね。

青木　普通の人だったらできるとは思わないことを、できると思っちゃうんでしょうね（笑）。ぼくが東吉野に来て思うのは、本当に人手不足だから、自分ができることをやったらやっただけ人の役に立つってことですね。それがわかるから、やろうという気分になる。

小松原　ぼくは大学時代、自分が将来何をしたいのかがわからなかったし、いわゆる「就活」というシステムが嫌で、全くしなかったんです。卒業後は大学でお世話になった先生の手伝いをしていたけれど、このままじゃやばいなと漠然と思っていて。そんなとき出会ったのが野村さんでした。農業の話を聞くうちに、以前行ったブータンで農村生活者たちのコミュニティを見ていいなと感じたことも思い出し、楽しそうだな、と野村さんのいた朝来市に移住することにしました。でも、ぼくには確固たる意志なんてまるでなかった。お金はないし、農業はど素人だし。で、とりあえず少しお金を稼ごうと見つけたのが、酒造りの仕事でした。世代交代のため若者を探していた酒蔵に運よく入れてもらえたのが三年前。仕事はハードですが、先輩たちはすごく良くしてくれるので、三年目のシーズンも無事終えることができました。日本酒に対する興味も年々強くなっています。

さっきの真兵さんの話で思い出したんですが、昨日地域行事である子どもキャンプの準備中に、少し離れたところに置いてあるライフジャケットを取りに行こうと思ったら、先日の豪雨で土砂が崩れて行けなくなっていて。どうしよう、と発信したら人が集まってくれて何とかなったんですけど。そういうときにパッと来られる人が集まってやれることをやるというのは、すごくやりやすいし、やってよかったなと思えた。これはここに移住してよかった点ですね。

野村　この間呉に災害ボランティアに行った(9)ときにも思いましたね。できる人ができることをやるというのがめちゃくちゃ大事やなと。ボランティアって思いが先行しがちで、恩着せがましくなるんですよね。対価を求めないのがボランティアなのに、相手に感謝を求める人がいる。思いが先行すると、つい自分の持ち出しが増えて、見返りがほしくなる。そうならないためには、無理をせず、自分がやりたいこと、できることだけをやるのが大事じゃないかと。

青木　ぼくの知り合いのボランティア活動をしている人は、「人の役に立っているという実感がほしくて自分のためにやっている」と言っています。それって誠実ですよね。「かわいそうな人たちを救うために」という気持ちが強いと、結果的に何

(9) その夏茶園に来る予定だった呉の友人が、豪雨で来られなくなっちゃって。久々に会えるのを楽しみにしていたので、「じゃあこっちから行くか」と。東日本大震災のとき陸前高田にボランティアバスツアーに参加した経験があったので、さほど気負わずに参加できました。呉は昔からの商店街の活気もあって、とてもいい街でした。また行きたいな。(野村)

か求めるとか、相手が感謝してくれないと怒るとかになっちゃう。

野村　前々から思っていたんやけど、医者とか消防士、警察官の方々が最終的にめざすところって、その存在が必要なくなる状態ですよね。自らがいらない状態を理想とする仕事に携わる場合、「ここまではやりすぎかな」という葛藤が必要なんじゃないかな。それはボランティアにも言えるかも。

呉で聞いて驚いたことがあって。いろんな災害現場を渡り歩いているボランティアの人が、最初岡山に行ったら、実は岡山の被害は局所的だったので、「いや、こんなに全国から大勢来られても仕事が割り振れないから、県内からの方だけで結構です」と断られたらしくて。そしたらその瞬間、県外から来たボランティアたちが激怒した、と。「ボランティア、足りているんです」と言われたら、「ああ、それはよかった」と言って観光者に切り替えて金の一つも落としていったらいい話なのに、「ボランティアやらせんかい」と怒るっていうのは、ある種の消費者マインドな気がして。来たからには充足感を持って帰らせろ、という。

青木　充足感なら、過疎地に移住して普通の生活をするだけで得られる（笑）。

野村　そうそう（笑）。隣のおじいちゃんのために庭掃除をしたりね。

青木　かつては災害ボランティアや福祉活動のようなところでしか得られなかった

「自分はここにいていいんだ」という実感を、最近は地方移住によって得ている人は多いかもしれません。

十年、二十年先の生き方を先取りする

青木　お二人とも生産者として、農作物の最初から最後までを経験した上で消費者になる、ということをやっている。都市生活ではほとんどの人が一〇〇%消費者ですが、ほんの一割でも自分の中に生産者の側面があると、消費者としての視点が変わってくるような気がしていて。自分の日常が一つのロジックだけで動いているのってすごく不自然な感じがします。

地方では一つのことだけやっていたのでは暮らしていけない。それはマイナスに受け取られることが多いですが、逆にそういう状況に二〇一八年の今自分がいるというのは、十年、二十年先を考えたとき、すごくプラスなんじゃないか。同じ状況に高齢者になって初めて放り込まれるのはめちゃくちゃ大変。だから今若いうちにやっておくというのはいいかなって。

野村　田舎って、対価をお金以外で支払う場面がものすごく多いんですよね。時間

をかけたりコミュニケーションを積み重ねたり、相手を慮《おもんぱか》ったりすることによって、自分が生きていくための安全枠を確保しなくちゃいけない。非常に面倒で細かくて風通しが悪いです。一方、お金は非常に風通しのいい万能アイテムで、お金さえ手に入れれば、自分の好きなものだけを消費しながら生きていくことができる。高度経済成長期にみんながお金を求めて田舎から都心に出たのは、その風通しの良さを求めたところが大きいと思う。

でも今後、成長が止まってお金がさほど回らない世の中になったら、都心部で生きるのは難しい。風通しは悪いしお金以外の支払いが多いけれども、自分の生存確保のために田舎に回帰することが、どうしても必要になってきますよね。それならイヤイヤ回帰するよりも、「新しい価値観がやってきたな!」とポジティブに楽しみながら、地域社会の面倒くささを受け入れて生きていったほうがいい。

青木 その通り。お金って、やっぱりすごい万能ツールだなとは思います。それまで地縁血縁の中で根回しするとか気を遣わないと達成できなかったものが、一発で手に入ってしまうんだから。すごく全能感があって自由を感じるわけですが、お金を前提に社会が組み立てられてしまうと、万能ツールを持たない人は生きられなくなってしまうんですよね(10)。

(10) お金はツールなので、みんなが正しく使えばそれは良いもの。子どもも老人も、男も女も、お金を使うときは「平等」になれる。すごいツールであるだけに、「使い方」や「量の偏り」に気をつける必要があります。(青木)

野村　これからの格差社会では、その万能ツールを過分に手にしているごく一部の人と手にできない多くの人とに分かれていきますからね。もちろん、お金で全部解決できる世界を享受できる人がいてもいいんだけど、ほとんどの人がそこに入れないのなら、面倒くさいながらも貨幣を介さない良さを楽しんで生きていけばいいんじゃないか。

遠く速くの時代から、近くゆっくりの時代へ

青木　今の世の中でどう暮らしていけばいいのか。ぼくもいろんな本を読みますが、そこに完全な答えが書いてあると思ってはいません。答えの出し方の一案を自分の中に入れたら、自分から何が出てくるかを待つというか、自力でも他力でもない、もっと大きな人間関係を超えた、人知の及ばないところの……。

野村　自分という変換装置を経て何が出てくるかを待つ。

青木　そうそう。発酵が注目されているのもそういうことじゃないかな。生活に密着しつつ、人知の及ばない部分を持つものだから。今までは、そんなことしていると腐っちゃうぞ、という感じだったけど。

野村　遠く速くの時代から、近くゆっくりの時代に変わってきた(11)からね。

小松原　『発酵文化人類学』(木楽舎)の著者、小倉ヒラクさんらの影響もあって、発酵がますます注目されていますよね。今回初めて、自分で育てたお米を使って仕込んだ日本酒が世に出ました。それはすごくうれしいことでした。田んぼも日本酒造りも奥が深いなと感じています。まだまだうまくいかないことだらけですが、どちらもぼくの能力なんかはるかに超えた力で育ってくれている、という気がしますね。

野村　そうなんですよね、農業はイデオロギーで始めるべきじゃない。自分の脳で支配できるものじゃないから。現実にどう対応するかが大事で。

青木　イデオロギー的になると、現実が変化しても、どうしてもイデオロギーを優先して現実をこじつけようとしたりしますからね。現実が変われば自分の考えも変える必要がある。

野村　合気道で比喩が文学的になる(12)のは、物事って複雑で、スパッと一刀両断できないからですよね。農業でも、理想と現実との間を見極めながら、うまく育っていってくれるところを見定めたいです。

お茶園は、本当にあの「場」に寄せられた感じがするからいいんです。せっかく

(11) これは水野和夫さんの本の受け売りです。「遠く・早く・合理的に」の時代から「近く・ゆっくり・寛容に」をめざすべきと。このときは抜けてましたが、「寛容に」がいいなあーと思っています。(野村)

(12) 内田樹先生は合気道のお稽古中、「振り返って電気のスイッチをつけるように」とか「赤ん坊を受け止めるように」といった表現をよく使われます(お稽古あんま行けてないけど)。それは複雑なことを分解せず複雑なまま行うための表現なのだ、と。現代農業は生物という複雑な事象を分節的に理解しようと頑張ってきましたが、統合的なアプローチの必要性を先生のお稽古から学びました(お稽古全然行けてないけど)。(野村)

きれいな場所なので、もっといろんな人のかかわりを得ながらポジティブな気持ちで運営していけたらと思っています。最近、近所のオーガニックカフェの人がときどき来て、お茶葉を摘んでおいしい紅茶を作ったり、イベントを開催してくれるようになって。いろんな人がどんどん自立的に動き出してくれています。

青木　想定外のことが起きてくれると、おもしろいですよね。とりあえず場を確保して嫌いなものを排除していった結果、「自分の場所」と言えるものが出来上がっていくのかな。

野村　×と○の間が重要ですね。これは嫌いというのとこれはしたいというのだけはっきりさせておいて、その間のどっちでもいいというバッファは大きく持っておくと、化学反応が起きやすいのかな、と。

小松原　ぼくは田んぼをそういう場にしたいですね。先日和歌山にある酒蔵で行われたイベントに行ったんですが、百人規模で田植えをして、その後みんなでバーベキューをしました。そういう場があると作り手としてもやりがいがあるというか、楽しいですよね。田んぼは機械があれば一人でもできちゃう部分もあると思うんですが、それだけではなんだかつまらない。やっぱりみんなで一緒になってやれる場をつくって発信していきたい。

青木　いいですね。朝来・神河・東吉野というラインでつながっていけたらいいいな。今後ともよろしくお願いいたします！

「大人」が多数を占める社会へ

青木真兵

東吉野村で「人文系私設図書館ルチャ・リブロ」を開館し、二年と半年が経ちました。蔵書には歴史や文学、思想、サブカルチャー、山村で暮らすための本など、二〇〇〇冊以上があります。現在の会員数は一〇〇名程度。二〇一七年はのべ四〇〇名がご来館くださり、貸出は二〇〇冊ほどありました。お金持ちではないぼくたちが、なぜわざわざ自宅を開放し、図書館などという「お金の儲からない活動」をしているのか。

ルチャ・リブロは「役に立つ／立たない」といった議論では揺れ動かない一点を常に意識しています。ここでぼくたちが言いたいのは、「役に立つ／立たない」の基準が絶対的に間違っているということではなく、現代社会のあらゆるものに伏流する「お金が儲かる／儲からない」という考えに対し、そんなちっちゃなことばかり言ってんじゃねえということです。

繰り返しますが、残念ながらぼくらは金持ちではありません（貯金すらない！）。でも思ったこと、感じたことを言い合える友人が各所にいて、停電になったらロウソクを立てて「一足早いクリスマス」のような雰囲気で楽しく夜を過ごせるご近所さんもできました。お金がなくても楽しく暮らせる。この感覚を醸成し共有するためには、「お金が儲かる／儲からない」ではない価値基準が必要になってくる。

お金を儲けることが目的でないなら、ぼくたちは何のために図書館を運営しているのか。それは生きるためです。生きるためにお金にならないことをしていると言うと、首をかしげられるかもしれません。新約聖書に「人はパンのみにて生きるにあらず」という言葉があります。人は物質的な満足だけを目的として生きているのではなく、精神的なよりどころが必要であるという意味にとられることが一般的です。でもぼくは、そもそも現代社会における「パン」の意味について、問い直してみる必要があると思っています。どういうことか？

商品経済がベースの社会において、物質的な満足を得るためにはお金を稼ぐしかありません。だから現代の「パン」は、むしゃむしゃ食べられるフカフカのパンそれ自体ではなく、「パンを買うためのお金」を意味している。「人はパンのみにて生きるにあらず」の現代的な意味は、「人はパンを買うためのお金のみでは生きていない」ということになります。

このように「みんながパンと称しているものはそもそも何なのか」という問いを立てることによって、食べ物さえも「商品」としてしか扱われていない現代社会が立ち上がる。このような問い直しの場、それがルチャ・リブロです。なぜ問い直さねばならないのか。それは息がつまるから。息苦しいから。空気が淀んできたら混ぜかえす、風通しを良くする。ぼくにとってお金より大事なもの、それは空気です。マルクスはこう言います。

（前略）［たんなる政治的な解放ではなく、真の］人間的な解放が初めて実現するのは、現実の個人一人一人が、抽象的な公民を自己のうちにとり戻すときであり、個人としての人間が、その経験的な生活、個人的な労働、個人的な人間関係のうちで、類的な存在となるとき（後略）

（マルクス著、中山元訳『ユダヤ人問題に寄せて／ヘーゲル法哲学批判序説』光文社古典新訳文庫、二〇一四年、六十九頁）

マルクスは、真の人間的な解放が初めて実現するのは、抽象的な公民を自己のうちに取り戻し、「類的な存在」になるときだと言います。ぼくらの求める「風通しが良い状態」は、もしかしたらマルクスの言う「類的な存在」が社会に一人でも多くなる状態ではないか。そんなふうに思っています。そして「どこかに類的な存在いないかな」とキョロキョロ探し回るよりも、とりあえず自分たちがそのような存在になることをめざしたほうが話が早い。自宅を図書館として開くという活動は、自己の中に「抽象的な公民」を取り入れるアクションと同じ構造を持っているのです。

しかし元来、人間は利己的な存在です。それ自体に良い悪いもありません。でも、すべてをお金の価値で測ることが大人の振るまいであり、そのような利己的な人間こそが社会人だという広告業界の言い分には反対です。もちろんそういう人間がいてもいいわけですが、そんな大人ばかりになると「すべてが金の論理で回っている」とみんなが勘違いしてくる。

儲かればいい、売れればいい。儲けるためには差別を煽り、人の尊厳を傷つける雑誌も作る。このような言論が公の場に存在するということは、公が本来的な意味ではなく、単に「利己的な人間が多数いる場」になってしまったことを意味しています。誰もが安心して暮らすためには、自己の中に「抽象的な公民」を持つ人間、つまり「大人」が多数を占める必要がある。そして「抽象的」であるからこそ、具体的なアクションは人それぞれに任せられている。その一ケースとして、ぼくらは「人文系私設図書館ルチャ・リブロ」を開館し続けていきます。

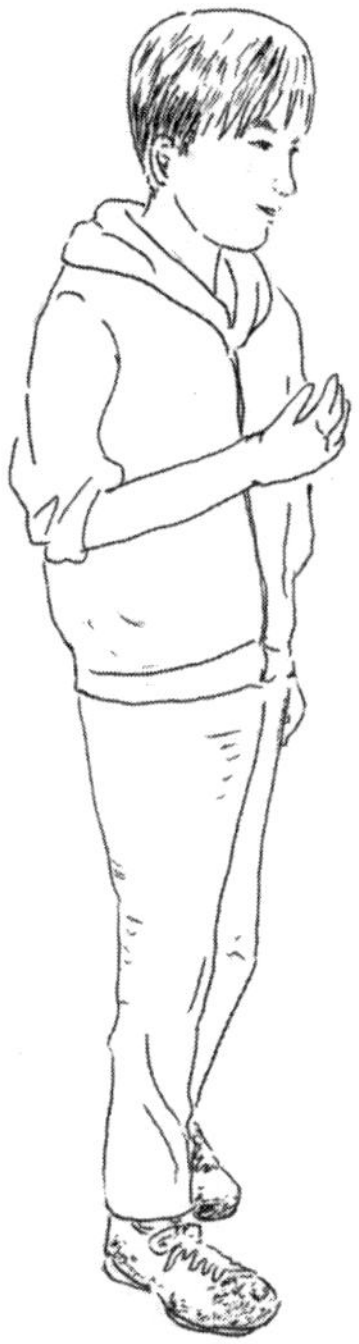

これからの「プラットフォーム」をつくる
内田樹×青木真兵×青木海青子

二〇一八年十二月

（この収録について）
いつものように、凱風館二階、内田樹先生の書斎で収録しました。「オムラヂ」は一時期週二回配信していたことがあるのですが、聴く側が追いつかないということでやめ（笑）、週一回配信が定着しています。

青木　本日は「オムライスラヂオ」が配信三〇〇回を迎えるということで、ゲストに内田樹先生をお迎えしました。

内田　おめでとうございます。ぼくは三〇〇回のうち十回は来ているのかな。

青木　今年は『ルッチャ』を刊行したこともあり、イベントに呼んでもらうことが度々ありました。これまでは自分発信だったのが、呼んでくれた人の「場」でしゃべるというのが、結構やりづらくて（笑）(1)。自分のペースでいかないから難しいなと思いましたね。

内田　ぼくも講演によく行きますが、観客の反応がすごくいい場合もあれば、全く関心を示さない会場もある。その時々でパフォーマンスの凸凹があるのがおもしろい。ああ、こういうオーディエンスだとぼくはダメなのかとか、こういう人たちの前だと乗るのか、とか。

青木　つい場をあっためるほうばかりに気を遣ってしまって、話の本題に入らずに終わってしまうことがあったり（笑）。

内田　いいんじゃない？　ぼくもそういうことあるよ。講演でいちばん大事なのは、声。あたたかくて浸透性のある声で話すということ。これはぼくの合気道の師匠、多田宏先生(2)が常々おっしゃることなんだけど、あたたかい声というのは内容に

(1) イベントにはゲストとして招かれているけどやっぱり「オムラヂ公開収録」だから自分が仕切らなきゃ、と思っちゃっていたんですよね。どっちでもいっか、と思えてからはだいぶ楽になりましたけれど。（青木）

(2) 多田宏（一九二九〜）武道家。合気道九段。日本各地で師範を務めるほか、ヨーロッパでの合気道普及にも尽力。著書に『合気道に活きる』（ベースボール・マガジン社）など。

かかわらず身体に染み込んでくるんだって。どんなにすばらしいことを話していても、キンキンした甲高い声だと耳が閉じてしまう。めざすのは「オールドバイオリンのような声」。イタリアの田舎のほうで見つかるオールドバイオリンって、音は小さいのに、不思議に浸透性があって、石造りの家の遠くの部屋からでも壁を通して音が聞こえるんだって。

これは合気道の稽古における達成目標の一つでもある。武道では、「座」を見るということをとても重要視しているからね。それは、この場では自分はこの位置で、こういうことを言うのがつきづきしいということがわかること。『兵法家伝書』(3)で柳生宗矩が書いています。いなくてもいいところにいるとか、もう帰るべきなのにだらだら長居するとか、言わなくてもいいことを口にして、要らぬトラブルに巻き込まれて、命を落とす人がいる、と。だから、兵法者は、いるべきときにいるべきところにいて、用が終わればさっと帰る。言うべきことを言い、なすべきことをなし、よけいなことはしない。これが兵法の心得。

青木　宴会で命を落としている人をたくさん見ますね(笑)。

(3) 徳川将軍秀忠、家光の兵法師範であった柳生宗矩による、新陰流の技法・理論の集大成。兵法の理を通して強いリーダーシップを培う術が記されている。岩波文庫など。

体が弱いので声小さいです。

内田　声といえば、真兵くんの「ルチャ・リブロ」には君のヴォイスがあるね。あたたかい声がする。書いたものからもわかるけど、真兵くんはオールドバイオリンのような、音量は小さいけれども、よく通る、手触りの優しい声をしているね。文体にもヴォイスがある。

青木　ありがとうございます。人に共感を求めるとき、ヒットラーやムッソリーニ、レーニンのような煽るしゃべり方がある一方で、人に浸透する話し方もある。それって、聴衆の数も関係していないでしょうか。あまりに大勢を前にすると、浸透する話し方はできないんじゃないかと。

内田　できないです。ぼくもこのところ何度かマイクを持って街頭演説をやったことがあるけれど、自分の身体感覚でやわらかくしゃべろうとすると、たいていどこかから「聞こえませーん」と言われちゃう。街頭演説用のマイクは大声を出すことが前提で作られているので、普段のトーンの肉声はうまく拾ってくれない。そうなると結局定型的な言葉を言うしかなくなって、しかもそのほうが聴衆は盛り上がるんだよね。みんなが言いそうな定型句を言うと、そこでわーっと盛り上がって拍手が起こる。雑な言葉だけが生き残って、手触りのやさしい言葉は排除される。それが政治なんだということをマイクを持つと実感するね。

青木 ああ、やっぱり。手触りのいい言葉、あたたかい言葉の場合、話し手も伝えようと思って発するし、相手も聞こうと思って聞いていますよね。その関係性自体が「あたたかい場」の形成要因なのかなと思うんです。観衆を熱狂させるために規定のフレーズを大声張り上げて叫ぶとか、消費者がほしがっているものをダイレクトに与えるという関係は嫌だなと、ルチャ・リブロでは思っているので。

海青子 サービスではなくおすそ分けとしてやりたい。耳をすませてほしいなと。

内田 そうだね、君ら声小さいからね（笑）。

海青子 （笑）。身体が弱くてあまり大きな声が出ないので……。

内田 それ、すごく大事。君たちの今年最大の貢献はそれだね、「体が弱いので声小さいです」っていう（笑）。そういう発信者が登場してきたというのは、すごく大きいと思うよ。

海青子 でも、オムラヂの公開収録をさせてもらったら、「いつも聴いています」という方がたくさん来てくれて。

青木 そうなんです。先日も東京のインディペンデント書店で公開収録（4）をした

（4）二〇一八年十二月一日、蔵前の「H.A.Bookstore」で開催された『ルッチャ』第二號刊行イベント。

ら、参加者の八割ぐらいがオムラヂリスナーだった。その様子を撮った写真をアップしたら……。

海青子　みんな声が小さそうな、繊細そうな人でした。

青木　そういう人たちが聴いてくれていたんだ、と。ラジオのリスナーには、もともとそういう人が多い気がしますけどね。

内田　それは、ラジオがすごく親密なメディアだからじゃないかな。ラジオって一人でこっそりと部屋の中で聴くもので、パブリック・リスニングってしないじゃない（笑）。テレビと違って少ない予算でできるし、間があいたり違う話をしても、編集されることがない。こんなメディアは他にないよね。それに、聴いた瞬間に声の質で人間がわかるでしょ。こういう声の人の話なら聴いていたいなとか、この声は聴きたくないというのが一瞬で判定できる。発信側にとっては怖いことだけれど、すごく良質なメディアだと思うね。

青木　そんな感じで楽しく続けていたら、あっという間に三〇〇回に（笑）(5)。

(5) ぼくのラジオ歴は中学生時代に始まりました。当時はTBSラジオと共にある生活で、日中は「森本毅郎スタンバイ！」「大沢悠里のゆうゆうワイド」「ストリーム」「荒川強啓デイ・キャッチ！」がゴールデンルート。一時は携帯ラジオも持ち歩いていました。深夜はなんと言っても「伊集院光 深夜の馬鹿力」。日曜はTOKYO FMも聴いていて、「山下達郎のサンデー・ソングブック」がお気に入りでした。この番組で聴いていたのは音楽ではなく、達郎さんの話法なのだと思います。オムライスラヂオの背後にはこれらの「ラジオ体験」が伏流しています。（青木）

自宅を公共に開くということ

青木　二〇一八年の前半は、朝日新聞の移住者についての連載に取り上げられたのを皮切りに、「地方移住」がテーマの取材を受けることが多かったのですが、下半期から少し潮目が変わってきたんです。「移住」よりも、図書館についてとか家を開くこと、住まい方に話題が移ってきて。

内田　それはぼくも感じるね。代表格が「ルチャ・リブロ」と「海運堂」(6)だね。海運堂だって、あんな小さなところに注目が集中したのは、やっぱり自宅を公開したからじゃないかと思う。NPOが事務所を開いて憲法カフェをやるとか、そういうのはよくあるけれど、自宅に他人がどんどんやって来ては、他の親がまた別の家の子の面倒を見るというような開放性は珍しいから。

自宅をパブリックに開くということに対して、みんな「この手があったのか!」とびっくりしたんだよね。そんなことはできるはずないし、しちゃいけないことだと何となく思っていたから。でも、実は家を開放するというのは結構安全だし、楽しいし、いろんな生産的なネットワークに広がってゆくことに気がついた。こういうところから「公共」の見直しが今年始まった、という気がするね。

(6) 三人の子どもをもつ砂田祥平さん・沙紀さん夫婦による「開かれた長屋」。JR住吉駅近くの三階建ての一軒家の一部を解放し、地域の人々のゆるやかなつながりが生まれる場として、託児も引き受けている。

青木　そんな気がしますね。海運堂でも、オムラヂ四周年記念の公開収録をさせていただいた(7)のですが、反響がありました。ビルの一室を借りて共同育児をしている団体は他にもたくさんあると思います。海運堂のおもしろいところは、あの独特の場の開き方にあるんですよね。もともと理念はあったけど一度頓挫して、仕方がないからなんとかやりくりしているうちに、結果として理念的なものに近づいていったというか。

内田　理念先導じゃなくて、場所だけ開いて、いろんな人が「こんなことやりたいんだけども」とやっていくうちに、どんどん広がっていったんだよね。

青木　うちも図書館と名乗ってはいますが、たまたま大量の本と貸出スキルがあったから、それを使っているというだけで、これがないと図書館と名乗ってはいけませんとか、図書館とはこうあるべき、というイデアありきではないんです。できる範囲でやっている。生活ベースなんですよね。生活がいちばん大事で、そこから漏れ出してくる過剰な部分をおすそ分けしている。そういう場の開き方をおもしろいと思ってもらっているんじゃないかな、と。

内田　そこだと思うよ。田舎に引っ込んでおしゃれな家を建てて、すてきなオーディオで音楽を聴きながらおいしいコーヒーを飲んでます……みたいなシックでお

(7) オムライスラヂオ No.282「これからの共同体（コミュニティ）について」二〇一八年九月十九日配信　https://omeradi.org/podcast/1722/

しゃれな生き方をしている人は大勢いるけど、それとは全然違うでしょ。なにより いちばん大きいのは自宅を公開しているということ。あんな森の中で、隠棲や隠居するのではなく、パブリックスペースを作っているということが大事だと思う。よくそこを思いついたなあ、と。

青木　もともとの目標は「マイ凱風館」だったんです。自分でもないし他人でもない、セミパブリックな場所。セミパブリックな場を持っていると、いきなり相手にとびこむよりも間合いが取りやすくて、相手とつながりやすい。どこにでも行って発信するオムラヂもその一環ですね。そういう場のあり方、コミュニケーションのとり方をおもしろいと思ってくれた人が「ルチャ・リブロ」に来てくれて、お話ししているというのが現状です。我々も想像だにしなかった展開です。

そういう感じでやりつつ、楽しく暮らしています。「ルチャ・リブロ」自体は東吉野村のためというより、人類のためにやっていると思っているんですよね。

内田　正しい！（笑）世のため人のためというのがいいね。

いったんゼロベースに戻りたい

青木　その一方で、東吉野村全体にも目を向けてみようと、先日村会議に傍聴に行きまして。こんな小さな村にもちゃんと議場があるんですよ。村長以下、八人の議員がいて。各委員会も傍聴席もあります。ああ、人間がやっているんだな、と実感しました。

政治ってどうも自分とかけ離れた感じがして、ずっとリアリティを感じられなかったんです。でも東吉野村に住むようになって、例えば倒木を撤去してほしいと役場に掛け合ってもなかなかやってくれないのを、議員さんから言ってもらえばすぐやってくれる。「ああ、議員の役目ってこういうことだったのか」と、政治が人間によって運用されていることを強く感じましたね。逆に言うと、人間がやっているんだからそりゃあボロも出るし、監視していないと腐敗するだろう、と。コミットできる余地があるし、それは必要なことなんだと実感できたのはすごく大きかったです。今の国政を見ていると、自分たちの意見が政治に反映されることなんてないんじゃないかと思ってしまうけれど、村レベルまで落とすと、あっ、なんか反映されそうだな、と。

内田　ぼくも一昨年ぐらいからいろんなところで「これからは地方議会だ」と言っているんです。地方議会の場合、一〇〇〇人とか二〇〇〇人程度の、その人を直接知っている人たちが支持してくれれば、政党の支えがなくても議席を取れるわけでしょ。今の国政を見ていてダメだなと思うのは、選挙が全部政党単位なこと。自民党は完全に党営選挙になっているから、党執行部の言うことを全部聞くイエスマンしか公認しない。だから、自分の頭で政策の適否を判断できる国会議員がいなくなってしまった。それが国会の停滞の最大の要因だと思う。

戦後すぐの一九四七年の参議院選挙では、「緑風会」という、無所属議員たちの会派が最大派閥だった。緑風会は個人参加だから、同一法案についても会派内に賛否両論があって、投票行動も自由だった。緑風会は六〇年代に解散して、それからは参院も今のような政党系列になっていったんだけど。やっぱり政党ではなく人を見て、「この人は信じられるから代表してほしい」というのが議員選出の本来のあり方なんじゃないかな。公約なんて結局は「作文」だからさ。それよりもこの人は約束を違えないとか、仁義に厚いとか、最後まで仲間を見捨てないとか、そういうことのほうがぼくはずっと重要だと思う。

自分たちの代表は人を見る目を基準にして選びたい。それは残念ながら今の国政では難しい。でも、地方選挙ではまだできる。人間を知っている人に「君、議会に出てよ」というのがいいんじゃないかな。

青木　周りから背中を押されて、じゃあ、と手を挙げるぐらいのほうが、現状ではいいということですよね。親父もおじいちゃんも政治家だったから地盤を受け継ぐ、というのだと、その人じゃなくてもいい。政治に限らず何事も、いったんゼロベースに戻って、地に足をつけて始めていきたいと思いますし、二〇一九年はそういう年になりそうですね。

プラットフォームをつくる

青木　自分の主張を通すのではなく、主張が一見違う二人の間に入って対立に折り合いをつけていくという、真の意味での調整型の政治家がこれから必要になってくるんじゃないかと思っています。明治初期の政治家は、木戸孝允にしろ岩倉具視にしろ、よく体調を崩して会議を欠席したりしているじゃないですか(8)。あれって、抱え込めないものを抱え込んだ結果じゃないかなと思うんです(笑)。ぼく自身、気がつくと対立する二つの間に入っちゃうところがあるから、すごく気持ちがわかる。

両者の目的は同じようなところにあるのに、そのだいぶ手前のところで争ってい

(8) 司馬遼太郎の『翔ぶが如く』を読んで、まず思ったことがこれでした。「偉人の気持ちがわかる」なんて、身の程知らずもいいとこですね。(青木)

るように見えるケースがすごく多いんです。目的は一緒なんだから頑張っていけばいいのに。問題はAの人に通じる言葉とBの人に通じる言葉が違うことなので、そこをうまく翻訳しつつ、同じ方向に向かっていけるようにするのが、調整型の役割なのかなと思います。これはやりすぎると体調を崩すし、あいつ信用ならないぞ、ということにもなりかねないので注意が必要ですが。

内田　ぼくには調整能力ってあまりないなあ。でも大事なことだよね。プラットフォームをつくるというのはすごく大事。今君が言ったみたいに、「最終的にここに行きたいわけでしょ」と指摘されたことで「はっ」と我に返るとか。知性の使い方の違いだと思うんだけどね。プラットフォームを発見できるかどうかというのは。

青木　そうですね。今の社会にはそこがすごく欠けているように思うんです。まずはプラットフォームを発見し、そこを基準に自由にやっていきましょうよ、と。

トマス・ペインの「コモンセンス」(9)は、まさにそういうことじゃないでしょうか。東吉野村にコミットするようになって、人口わずか一七〇〇人の村で一体どんな社会を作っていけるのかと仲間内でもよく話すんです。そういうときに何を参考にするか、これはやっぱり「アメリカ建国」じゃないか、と。

内田　(笑)なるほど。東吉野村建国のためにアメリカ建国を参考にしよう、と。

(9) アメリカ独立戦争開始翌年の一七七六年、トマス・ペインはアメリカのイギリスからの独立は正当であると簡潔に訴える「コモンセンス」を発表、独立派の人々を勇気づけ、勝利へと導く力を与えた。

青木　そうなんですよ。トマス・ペインの「コモンセンス」は、十三州で独立派と反独立派が乱立する中、アメリカを独立に導いた重要なパンフレットだと思うのですが、その中でペインは「イギリスは我々の自由を奪っている。自由を求めるのは当たり前だよね、だから独立したほうがいいんだ」と言っていて。そういうみんなに共通する感覚（コモンセンス）をプラットフォームとして形成すれば、これからの社会や村の新しい形が見えてくるんじゃないかと。

東吉野村という身体感覚

内田　ジェファソン(10)の文章もそうだよね。ジェファソンの場合はイギリス国王に対する憤慨に満ちた文章にはなっているんだけど、基本にあるのは「あなただってわかるでしょう?」ということ。「お前を弾劾するぞ!」というのではなく、「イギリス史を顧みればマグナカルタがあるじゃないですか。それに照らすとこんなことって、どう考えてもおかしい。あなただってそう思うでしょう?」という論の進め方をする。マグナカルタというプラットフォームまで戻っていって、これ、お互いが共有している基盤ですよね。だとすると、今あなたたちがやっていることは、

(10) トーマス・ジェファソン（一七四三〜一八二六）アメリカ合衆国第三代大統領。独立宣言の起草者のひとりで、アメリカ民主主義の父と呼ばれる。

この共有基盤に照らして間違っているじゃないか、と。プラットフォームをつくり、相手が論理的思考をすれば、自分たちと同じ結論に達するはずだという、相手の知性への信頼を失わなかった。その点で十八世紀の人は偉いね。

青木　トマス・ペインと同時代のエドマンド・バーク(11)は、アメリカ独立は支持するけどフランス革命は支持しない、という人なのですが、バークが言っていたのもまさにそれでした。イギリス流の「自由」を当てはめれば、アメリカ独立は当然だよね、と。フランス革命はイギリス流の自由の文脈ではない、プラットフォームが違うから反対、みたいな感じなんです。それがすごくおもしろい。アメリカはイギリスからの移民が多く、同じ言語を使う国としての独立だからプラットフォームが同じというのはわかりやすいですよね。これからプラットフォームを形成していく場合、何を指針にしていったらいいのでしょうか。

内田　身体かなあ、やっぱり。最初に声の話をしたけど、プラットフォームとしてはコンテンツじゃなくて、容れ物のほう、マナー(作法)が重要だと思う。マナーって結局、身体性なんだよね。どういう声で話しかけられたいかとか、質問をしてから答えるまでの間の取り方とか。コンテンツと関係のない、直感的な皮膚感覚的なやりとりができるということがすごく大事。歯車がうまく合うかどうか。ぼくは

(11) エドマンド・バーク（一七二九～九七）イギリスの政治思想家、哲学者、政治家。『フランス革命の省察』では、フランス革命を全否定した。

「手が合う」と言っているんだけど。「○○さんと対談しませんか」と依頼されて、「ちょっとその人とは手が合わない感じがするから、いいわ」と断ることってあるよ。

青木　へぇー。

内田　主張の方向性が同じでも、「合わない」ことはあるんだよね。提示する口ぶりが合わないというか。自分と政治的立場が正反対の人でも、この人だったらすごく「合いそう」という場合もあって。どちらかというと文体とか作法なんだよね。

青木　それでいうと、東吉野のメンバーはみんな身体が強くないという共通の身体性がありますね（笑）。

先日、大分と熊本の県境に住んでいて、東吉野がご実家という「ルチャ・リブロ」の利用者の方に会いに行ったんです。そしたらそこは、東吉野とは真逆の自然環境で。太陽はさんさんと降り注ぐし、温泉も湧いていて地熱発電ができるくらい。東吉野は谷間だし、うちなんて午後にならないと陽も差さない。でも、ぼくはやっぱり東吉野が安心するんですよね。九州は眺望がパノラマでエネルギーに満ちていて、これならなんでもできそうな気がするけれど、その広々とした空間にいるとそわそわして隠れたくなっちゃう。身体と自然環境はリンクしているなあ、と改めて感じました。

内田　「風土論」についてはいろんな人が語っているけれど、風土によって文化もマナーも価値観も変わっていくという梅棹忠夫の『文明の生態史観』(12)なんか、本当にそうだと思うよ。君は自分の世界観に合った環境を選んでいるんじゃないかな。

青木　だからと言って九州の人と話が合わないかと言ったらそんなことはなくて、自分の身体感覚に合った場所に住みたいという指向性の人とは話せる気がします。

内田　なるほどね、一つ次元の高いところでね。

青木　そうなんです。今後はますます、身体感覚を頼りにやりとりできるようなプラットフォームづくりに照準を合わせてやっていきたい、と決意して二〇一八年を終えたいと思います。本年もありがとうございました。

(12) 一九五七年「中央公論」掲載の梅棹忠夫のこの論考は、世界史に新たな視点を導入した革命的な比較文明論として話題になった。

地に足をつける——土着の時代を生きていく

青木真兵

人はどのように生きていくべきなのでしょうか。そもそも人って何なのでしょう。ぼくは、人間は常に合理的な判断を下せるような生き物ではないし、因果関係がはっきりわかる形の中だけで生きていくことはできないと思っています。なんだか気持ちが悪いとか、理由はないけどこっちに行きたいとか、わかっちゃいるけどやめられないとか、いつもはできるのに今日はできないとか、そうした「不安定な部分」によって基礎づけられているのが人間です。

「なんとなく」の復権へ

ぼくたちはこの春で東吉野村に越してきて三年になりますが、日々の生活の中でその「不安定な部分」にだんだんとアジャストしてきたのを感じています。夏は暑く、冬は寒い。春は草木が萌え始め、秋は静かに生命力を閉じていく準備期間です。このサイクルは毎年繰り返されているわけですが、全く「変わらず」回っているわけではない。微細な変化が起きつつも、大きな意味では繰り返されている。ここで言う「不安定」とは、いきなり爆発したり、急に落ち込んでしまうような極端なものではありません。極端から「なんとなく」へ。ぼくたちはたぶん、この「なんとなく」の力をだいぶ甘くみています。

「なんとなく」を軽視しているから、実は誰もが感じている「もやっ」を切り捨てて、「きちっ」としたものしか信じなくなる。この習慣は人間の可能性にとって大きな障害となっています。朝、玄関を出るときの感覚を「目的」にフォーカスせず、まずは目の前に広がる木々や山の端、空に浮かぶ雲、軒に滴《したた》る雨粒に合わせてみる。ぼくたちはどんな空気に包まれているのか。ひんやりした空気やピタッと肌に着くような水分多めの空気を感じてみる。

とはいえ「なんとなく」だけで行動していると、「アイツ、適当！」と言われてしまいます。別に周りから何を言われても構わないのですが、つまらないのは、自分を律して考えを突き詰めれば「なんとなく」を乗り越えられるぞ、という主張を押し付けられること。これは避けたい。「なんとなく」は乗り越えるべきものでも未熟な感覚でもなく、「あらゆるもののスタート地点」なのですから。

ぼくの考える土着人類学が目論むのは、「なんとなく」の復権です。なんとなく頭が痛い。なんとなく良さげな気がする。なんとなく向こうに行ってみたい。この「なんとなく」をつかむためのアプローチは「細かく分けて考える」ではなく、「全体をもやっとつかむ」です。だからここで本当に必要なのは「全体とは何か」という問いなのです。

「全体」を考えるとき、自分の手の内にすっぽり収まるものをイメージすることもあるし、自分がその中に包まれている安心感を想像することもある。「全体」をつかみきれず、広大な地平線を前にポツンと佇む不安感に苛まれることもあるし、逆にそれが心地良いときもある。人それぞれの「全体」をイメージできるということ。

「全体を視る」ということ

二〇一八年、ぼくが感じた転換点がありました。「ルチャ・リブロ」への取材目的がいわゆる「移住」から、自宅を開いて図書館にする「住まい方」の方にシフトしてきたことです。今までは「なぜ村に引っ越したのか、話を聞かせてほしい」と問われることが多かったのですが、ぼくたちが情報発信をしているせいか、世の中の潮目の変化か、「自宅を開いてまで、何がしたいのか」へと問いが変化してきています。

しかしこの問いは手段と目的が逆です。「何かをする」ために自宅を開いたのではなく、「地に足をつけるために自宅を開いたら図書館になった」というのが正しいからです。そしてここで言う自宅とは「家屋」だけではなく、周囲に林立する杉の木、目の前を流れる小川、白いお尻を振って山を登っていく鹿などすべてを含んでいます。これらすべてが「自分たちのものだ」と言っているわけではありません。家屋、杉の木、小川、鹿……それらのうちにぼくたちが入っていくことで、周りとの「きちっ」とした境目をぼんやりさせる。そうすれば、常に変化する「全体」への入口が増えますし、微調整しつつその変化に同調していくことが容易になっていきます。

しかし、明治に始まり令和の現在もなお続く近代は、「きちっ」としたことをめざす時代でした。原理を明らかにし、さらなるスピード、さらなるパワーを求め、機械を作っていく。国民を創出、力を結集し国家を強くする。国境を定め、資源の持ち主を明らかにする。かのプロレスラー長州力ならこう言うでしょう。「やるのか、やらないのか。またぐのか、またがないのか」と。とにかく、「なんとなく」は許されない時代だったのです。

「近代」の問題点は、「相手に勝つこと」だけを求めていたところにあります。相手に勝つためには手段を選ばない。民間人も殺すし、女性、子ども、老人にも容赦はしない。空を飛んだり、毒ガスを撒いたり。大っぴらには報道されていませんが、現在でもこのような状況は続いていますし、科学技術の進歩は継続しているため、さらに複雑になっています。

だって相手が攻めてくるんだから仕方ないじゃん。相手が勝とうとしてくるんだから、こっちだってやってやる。むしろやられる前にやっちまえ！　そう考える人は、世界を勝ち負けだけで分けるあまり「全体」を視ることができていません。「自分と相手」の関係に拘泥するあまり、「自分と相手とその周り」によって「全体」が形成されていることに気づいていない。十八世紀後半から十九世紀前半を生きたドイツの哲学者ヘーゲルの文章がヒントになります。

重要なのは、概念的に定義された自由は、主観的意思や恣意を原理とするのではなく、万人の意思の洞察を原理とすることであって、自由の体系とは、その洞察のさまざまな側面が自由に発展したものだということです。主観的意思はまったく形式的なもので、それがなにを意思するかは問題ではない。全体を視野のもとにおくのは理性的な意思にしかできないことで、理性的意思は、みずからその内容を明確にし、発展させ、さまざまな側面を有機的に位置づける。

（ヘーゲル著、長谷川宏訳『歴史哲学講義(上)』岩波新書、一九九四年、原書は一八三八年、八十七頁）

　ヘーゲルは「全体を視野のもとに置くのは理性的な意思にしかできない」と述べています。確かに土地に縛られた身分制度から人を自由にし、国民を創出して中央集権的な国家に従属させることが最重要課題であった「近代」において、理性的な意思によって法律を定め、機械を開発し、相手や問題を乗り越えていくことは必須要件でした。

　しかし未来を生きるぼくたちは、相手との違いをことさらに強調するのではなく、対立する二者を内包する「周り」に目を向け、「全体」の中で微調整していくことにこそ、理性的な意思を使っていきたい。矛盾したり相対立するものを並存させ、折り合いをつけて少しずつ進めていくことが最重要課題なのです。

ポスト近代は「土着の時代」

「周り」との関係の中で、「自分と相手」は生きている。この状態を「全体」と捉え、場所や時代によってその原理は異なることを理解する。たくさんの「全体」が互いに重なり合いながら存在しているのが世界であり、社会であり、人間です。ぼくは競争関係を否定しないし、反文明を掲げているわけでもありません。でも、近代はあまりにも「相手に勝つ」という目的のみが掲げられすぎた時代で、そのせいで世界に対する認識がシンプルなものになってしまった。土地と身分制度が結びついていた前近代を乗り越えるには、理性的な意思によっていったん土地から離れることが必要だった。でも現代はそうではありません。いったん土地を離れて自由を味わい、理性的な意思で暮らす人々が不安に苛まれている。

ポスト近代は「土着の時代」です。社会でマイナスに語られがちな「不安定」を、「全体」の中にアジャストさせる。このプロセスが「土着」です。そのためにまずは「なんとなく」を復権させ、「全体を視る環境」を整えること。これは会社でも畑でも、東吉野でもアムステルダムでも、宇宙でも家庭でも変わりませんが、確かに地に足をつけるには「全体」のスケールを縮小するのが近道でしょう。大きな経済を回す「一発逆転」思考ではなく、身辺整理のような「微調整」が基本マインド。繊細かつタフに。

皆さんも、土着の時代へご一緒しませんか。すっぱり諦めてからが、本当の人生なのです。

おわりに

「人文系私設図書館ルチャ・リブロ」はこうして始まり、今に至ります。

ふと思うのは、人はもっと「不安定でいい」んじゃないかな、ということ。ボロが出てもいいし、一貫していなくてもいい。むしろ、きちんと「不安定な状態があること」こそ、本当に自然な状態と言えるのではないか。ぼくたちはこれまで、「安定」を求めるあまり、足を踏ん張り掴まれそうなものにしがみつくことで、身動きがとれなくなっていました。まるで、自然のような「予測できないもの」が入り込まないよう、地面や河岸をコンクリートで固めているみたいに。確かにぼく自身、研究者であること、男であること、夫であること、息子であること、それらすべてに縛られていました。もちろん今もなお、「縛り縛られ」の関係に四苦八苦しています。

この本を作り上げていくことは、ぼくが直感のみで動き発信してきた軌跡を改めて振り返る作業であり、ぼくたちが出版している機関誌『ルッチャ』の制作とは大きく異なりました。『ルッチャ』は現在と未来への「自己発信」ですが、本書は、ぼくらのとっちらかった諸々の活動という扱いづらい「素材」を、夕書房の高松夕佳さんがきちんと食べられる料理にしてくれた、そんな感じでした。この本が少しでも読みやすく、伝わるものになっているとしたら、ひとえに髙松さんのおかげです。誠にありがとうございました。本ができる過程が、なにより楽しかったです。

さて、感謝を述べねばならない方々がたくさんいらっしゃいます。あえて限定させていただきますが、まずは内田樹先生をはじめ、本書で対談してくださった皆さん。「オムライスラヂオ」にご出演いただいた方々、または「全国で五人」のリスナー、そして「ルチャ・リブロ」にご来館くださった、または応援してくださっている皆さん。誠にありがとうございます。駒澤大学の大城道則先生、関西大学大学院西洋史研究室の先生方や皆さん、社会福祉法人ぷろぼのの皆さん、東吉野村の移住者の皆さんに感謝していることは「自明」ですので、今回は割愛させていただきます（結局言ってるけど）。

あなたがこの本を読んで、「いつかルチャ・リブロに行ってみようかな」と思ってくださったら幸いです。まだ見ぬあなたが来る日まで、ほそぼそと続けていきたいと思っています。お互い、なんとかかんとか、折れずにやっていきましょう。

青木真兵・海青子

二〇一九年八月

初出一覧

移住前夜1／オムライスラヂオ第一一〇回（二〇一五年九月二日配信）

移住前夜2／オムライスラヂオ第一二三回（二〇一五年十二月二日配信）

理想の大家さんと出会う／「大家さんとの相性が全てを決める。ぼくたちにとっての『理想の大家さん』との出会いについて」『LOCAL LIFE JOURNAL』（二〇一八年三月二十三日配信）

あわいの空間／書き下ろし

ぼくらの移住道／オムライスラヂオ第一三四回（二〇一六年二月十七日配信）

限界集落と自己責任／語り下ろし

「ちょうどいい」を基準に／「移住と引っ越し、何が違うんだろう」ルチャ・リブロ的土着人類学研究室　第2回『さとびごころ』vol.33（二〇一八年春号）

命からがら／書き下ろし

「マイ凱風館」を持つ／オムライスラヂオ第二一九回（二〇一七年十月四日配信）

職業・奪衣婆／書き下ろし

とりあえず、十年先の地方／オムライスラヂオ第二〇八回（二〇一七年七月十九日配信）

できるのハードル／書き下ろし

あいつ、給料出なくなっても図書館やってる／書き下ろし

村で未来を語る／オムライスラヂオ第二一一回（二〇一七年八月九日配信）

「仕事」と「稼ぎ」の境界線／「とりあえず、十年先の働き方を考える」『ルッチャ』第二號、おむすびラジオ三十六個目特別篇第一、二部（二〇一七年十月二十三日配信）

優しさ問題／書き下ろし

生命力を高める場／『ルッチャ』第二號、オムライスラヂオ第二五九回（二〇一八年五月九日配信）

生命力が単位の社会へ／ルチャ・リブロ的土着人類学研究室　第3回『さとびごころ』vol.34（二〇一八年夏号）

成長したり、しなかったりする有機体／書き下ろし

あたらしい家族のかたち／オムライスラヂオ第二七三回（二〇一八年七月十八日配信）

近くてゆっくりを楽しむ／オムライスラヂオ第二七八回（二〇一八年八月二十二日配信）

「大人」が多数を占める社会へ／ルチャ・リブロ的土着人類学研究室　最終回『さとびごころ』vol.35（二〇一八年秋号）

これからの「プラットフォーム」をつくる／オムライスラヂオ第三〇〇回（二〇一八年十二月三十一日配信）

地に足をつける――土着の時代を生きていく／『ルッチャ』第三號

＊再録にあたっては、いずれも大幅に加筆修正しました。
各対談者のプロフィールは刊行当時のものです。

青木真兵（あおき・しんぺい）

1983年生まれ。埼玉県浦和市に育つ。人文系私設図書館ルチャ・リブロキュレーター。古代地中海史（フェニキア・カルタゴ）研究者、博士（文学）。社会福祉士。2014年より実験的ネットラジオ「オムライスラヂオ」の配信をライフワークにしている。障害者の就労支援を行いながら、大学等で講師を務める。著書に『手づくりのアジール——「土着の知」が生まれるところ』（晶文社）、妻・海青子との共著に『山學ノオト』シリーズ（エイチアンドエスカンパニー）がある。奈良県東吉野村在住。

https://lucha-libro.net/

青木海青子（あおき・みあこ）

1985年兵庫県神戸市生まれ。人文系私設図書館ルチャ・リブロ司書。約7年の大学図書館勤務を経て、夫・真兵とともにルチャ・リブロを開設。2016年より図書館を営むかたわら、「Aokimiako」の屋号で刺繍等によるアクセサリーや雑貨製作、イラスト制作も行っている。夫・真兵との共著のほか、著書に『本が語ること、語らせること』（夕書房）がある。奈良県東吉野村在住。

https://ameblo.jp/cian55555/

装画・本文イラスト　青木海青子

彼岸の図書館——ぼくたちの「移住」のかたち

2019年10月7日　初版第1刷発行
2022年12月6日　初版第3刷発行

著　者　青木真兵・海青子
装　幀　名久井直子
発行者　髙松夕佳
発行所　夕書房
〒305-0035　茨城県つくば市松代3-12-11
電話　090・6563・2762
http://www.sekishobo.com

印刷・製本　モリモト印刷株式会社

◎乱丁・落丁本はお取り替えいたします。
◎ NDC361／288ページ／19×14センチ
ISBN 978-4-909179-04-3

Published by Seki Shobo, Tsukuba, 2019
Printed in Japan